잠깐
머리 좀
식히고 ☕
오겠습니다

잠깐 머리 좀 식히고 오겠습니다

유쾌한 정신과 전문의 윤대현 교수의

속 시원한 심리처방전

윤대현 지음

해냄

마음이 즐거워하는 일을
해줍시다

스트레스에 대한 느낌을 물으면 뭐라고 대답하시겠습니까? 대개 '나쁜 녀석'이라고들 하겠지요. 그러다 보니 스트레스 관리 전략이라고 하면 스트레스를 없애거나 줄이거나 아니면 피하는 방법에 집중되어 있습니다.

그런데 이런 전략은 백전백패할 수밖에 없습니다. 산다는 것 자체가 스트레스니 말입니다. 아무리 피해 다녀도 스트레스는 내 꽁무니에 붙어 따라다닐 겁니다. 또한 스트레스라고 해서 꼭 나쁜 것만도 아니고요. 그러므로 무작정 피하는 게 답은 아닙니다.

스트레스를 왕창 받고 있다는 것은 역설적이게도 내가 생존을 위해 뜨겁게 반응하고 있다는 증거이기도 합니다. 생물체에 스트레스 자극을 주었는데도 전혀 움직이지 않으면 이 생물체가 살아 있기는 한 건지 의심이 되지요. 반면에 내가 스트레스를 강하게 받고 있다는 것은, 당연히 힘들긴 하겠지만 생생하게 살아 있음을 뜻합니다.

그럼 이 스트레스를 어떻게 관리하면 좋을까요? 스트레스 관리는 달리 말하면 '마음 관리'입니다. 스트레스 관리의 목표는 스트레스를 안 받는 것이 아니라 강한 스트레스 속에서도 마음에 따뜻한 긍정성을 유지하는 것입니다.

그런데 당연하게도 마음 관리는 쉽지 않습니다. 아무리 마음에 대고 열심히 타일러도 변화는 잘 일어나지 않기 때문이죠.

불면증으로 고생하는데 아무리 마음에 "자자"고 한들 잠이 올까요? 오히려 불면증은 더 심해지기만 할 겁니다. 내가 지쳤을 때 누군가 힘내라고 위로해 주면 위안을 얻기도 하지요. 그런데 너무 힘이 들어서 숨고만 싶은데 옆에서 자꾸만 힘내라고 하면 그 말은 위로 같지가 않습니다. 듣는 사람의 마음은 더 지치기만 하지요. 심하면 상대방에게 "꺼져 버려!"라고 소리치고 싶은 충동까지 생깁니다.

왜일까요? 그건 바로 내 마음이 논리적 언어를 사용하지 않기 때문입니다. 내가 아무리 열심히 이야기해도 마음은 잘 알아듣지 못하는 거죠. 마치 누가 내가 모르는 언어로 계속 말을 거는 것과 비슷합니다.

그건 얼마나 지치고 짜증이 나겠어요. 잔소리가 반복되면 뇌의 논리적인 영역은 그 내용을 이해하지만, 마음은 이해하질 못합니다. 그래서 마음은 더 피곤해지고 짜증도 차올라 결국 상대방에게 강한 감정 반응을 보일 수 있습니다.

스트레스 관리, 즉 마음 관리는 스트레스로부터 도망치는 것이 아닙니다. 눈에 보이지는 않지만 가장 중요하고 소중한 평생의 친구인 마음과 어떻게 잘 지내느냐가 마음 관리입니다. 그런데 그 마음과는 논리적으로 소통할 수 없으니 무언가 다른 방법을 찾아야 합니다.

우선 마음에 이래라 저래라 명령해서는 안 되고, 마음을 잘 이해해 주고 마음이 즐거워하는 일을 해줘야 합니다. 긍정적인 사람이 되고 싶다고 해서 마음에 '긍정적인 사람이 되자'라고 해봐야 효과는 오래가지 않습니다. 그보다는 지친 마음에 따뜻하게 공감하고 위로해 주어서 마음에 에너지를 충전해 주는 편이 낫지요. 그러면 그것이 강력한 긍정성을 가져옵니다.

마음에 이런저런 요구를 하는 건 사랑받고 싶은 상대에게 나를 제발 더 사랑해 달라고 끊임없이 애걸하는 것과도 비슷합니다. 처음엔 상대도 노력할지 모르죠. 하지만 요구가 지나치면 상대는 지쳐 도망갈지도 모릅니다. 우리 마음도 그렇습니다. 계속 요구만 하면 마음은 지쳐서 우리가 원하지 않는 방향으로 도망쳐 버릴 수 있습니다.

진료실을 비롯해 라디오, 신문 같은 매체에서 고민 상담을 오랜 시간 해오며 느낀 것이 있습니다. 디테일은 하나하나 다를지언정 크게는 몇 개의 카테고리로 나눌 수 있을 정도로 사람들의 고민은 비슷하다는 것입니다.

고민이 비슷하다는 것은 무슨 의미일까요? 우리가 꼭 무언가를 잘못했거나 결핍이 있어서 고민하는 게 아니라 열심히 살고 있기 때문에 고민한다는 뜻이 아닐까요? 그러니 내 실수 때문에 고민이 생겼다고 생각하지 마세요. 그런 생각에 빠지면 자존감도 떨어지고 삶의 어려움을 돌파할 힘도 약해집니다.

이 책에는 자주 접할 수 있는 고민 사연을 모아 보았습니다. 어떤 고민에는 '어, 나도!' 하며 공감하실 거라 생각합니다. 상담을 하다 보니, 사람들은 자신의 문제에 대한 해결책보다는 고민을 공유하고 공감하는 과정에서 더 큰 위로를 받는다는 것을 절실하게 느꼈습니다. '나만 이런 고민을 하는 줄 알았는데 다른 사람들도 비슷하네.' 이런 생각만으로도 아직 문제는 해결되지 않았어도 마음이 한결 가벼워지고 자유로워지는 것이죠.

내가 바보라서 그런 줄 알았는데 알고 보니 누구나 같은 고민에 빠질 수 있음을 알게 되면, 내 마음을 움켜쥐고 '넌 왜 이 모양이야'라며 흔들던 손을 멈춥니다. 그리고 마음을 꼭 안아 공감하고 위로해 주게 되지요. 그래서 마음이 그에 대한 보답으로 스스로에게 자유로움을 선사하는 것 같습니다.

살면서 겪는 고민은 크게 두 가지로 나눌 수 있지 않을까 싶습니다. 나와의 관계, 그리고 타인과의 관계에 대한 고민으로요. 여기에 마음을 넣어 보면, 내 마음과의 관계, 그리고 내 마음과 다른 마음과의 관계라 할 수 있겠네요.

마음 관리는 내 마음을 잘 이해하고 공감하는 것에서 시작한다고 생각합니다. 이 책에 담긴 사연들을 읽으며 내 마음, 그리고 타인의 마음을 느껴 보는 시간을 가지셨으면 좋겠습니다. 내 마음을 영화관 스크린에 비춰 보는 것처럼요.

인생에 정답이 있을까요? 물론 목표를 향해 일단 열심히 뛰어야겠죠. 그러고 나서는 수학문제 답 찾듯이 삶을 바라보지 말고, 눈앞에 흘러가는 영화를 보듯 순간순간의 경험과 느낌을 소중하게 여겨 보세요. 그런 여유가 우리 마음에 따뜻한 긍정성을 가져다 줄 테니까요.

2018년 6월
윤대현

| 차례 |

4장

이런 나, 비정상인가요? _감정

자기발전도 이루고 좋은 인간관계도 만드는 회사생활을 꿈꾸었는데 막상 경험해 보니 일도 관계도 힘들다는 직장인들이 참 많습니다. 회사를 잘못 선택한 것은 아닌지, 어렵게 들어간 직장을 나와 다른 길을 찾아야 하는 것은 아닌지 고민하기도 하죠.

그런데 직장은 원래 아름다운 곳이 아닙니다. 직장은 조직의 목적을 우선시하는 곳이고 인간관계도 내 마음대로 선택할 수 없죠. 서로 뜨겁게 사랑해 평생을 함께하자며 약속한 부부 사이에도 갈등이 있는데, 하물며 내가 선택한 사람이 아닌 이들과 함께하는 회사생활에서 갈등이 생기는 건 당연한 일 아닐까요.

기대치를 낮추고 작은 것에서 의미를 찾는 마음으로 회사생활을 해보세요. 예상하지 않았던 평생의 친구를 만날 수도 있고 일에서도 좋은 기회와 결과가 찾아올 겁니다.

월요일 출근길이
두렵다고요?

나를 무시하는 직장 후배,
꿀밤을 때릴 수도 없고

선배를 이기고 싶은 건 후배의 본능!
적정거리를 유지하세요.

#공경은_본능이_아니니까_교육받는_것 #그러나_공격은_본능이다
#해답은_적정거리_유지 #깊이_들어와_있어도_발을_빼기
#따뜻한_관계가_될_방법이_없음을_인정하라

입사 4년차 직장인입니다. 오랫동안 부서에서 막내로 지내다가 드디어 신입사원이 들어와 굉장히 기뻤습니다. 그런데 후배가 자꾸 저를 무시하는 듯한 태도를 보이네요. 예를 들어 둘이 있을 때 업무 지시를 하면 자기 업무가 아니라는 식으로 이야기합니다. 서로 도와서 마감 시간에 맞춰 일을 끝내야 하는데 약속이 있다며 그냥 가버린 적도 있습니다. 그런데 상사와 있을 때는 언제 그랬느냐는 듯 상냥하니 기가 막히고 속이 터지네요. 도대체 왜 그러는 걸까요? 아무리 생각해도 제가 딱히 잘못한 건 없는데요.

선배로서 위상을 세우면서 후배와 잘 지내고 싶은데 어떻게 하면 좋죠?

상사에게 꾸지람을 듣는 것보다 후배에게 무시당하는 게 더 당황스럽죠. 실제로 후배의 불편한 태도 때문에 속상해서 사연을 보내는 분이 적지 않습니다. 후배한테 이런 대접을 받는 자신이 한심하게 여겨지니 자존감도 떨어지고요.

그러나 이런 일이 생겼다고 자신을 탓할 필요는 없습니다. 후배가 선배와 경쟁해서 이기고 싶은 욕망은 우리 마음에 오래전부터 자리 잡고 있던 끈적끈적한 녀석입니다. 그러니 당하는 사람이 한심한 게 아니라 후배가 그런 욕망이 강한 사람인 거죠. 선배 공경이 본능이 아니기 때문에 공경이라는 걸 배우는 거고요.

우리는 세상에 나올 때 선배 공경 유전자보다는 경쟁 유전자를 더 많이 가지고 태어납니다. 생존 때문이죠. 동생이 형에게 처음 라이벌 의식을 느끼는 것이 한 살 때라고 합니다. 한 배에서 나온 형제도 한 살 때부터 엄마의 사랑을 놓고 본능적으로 경쟁하는 것입니다.

문제는 경쟁 유전자가 강하다고 해서 더 사랑받는 것은 아니라는 점이죠. 동생이 자꾸 형에게 대들고 밉게 굴면 동생에 대한 엄마 마음이 좋을 리 없습니다. 당연히 형도 동생이 예쁘지는 않겠죠. 본능이라는 것은 힘의 원천이지만 세련되게 가공하지 않으면 자신에게 해가 됩니다.

사연 속의 후배도 회사 내에 벌써 적을 한 명 만든 셈입니다. 사람 인생은 알 수 없죠. 사연 주신 분이 그 후배를 평가하는 위치에 갈 수도 있는데 그럴 때 좋은 점수를 줄 리 없을 테니까요.

첫 만남에서 더 중요한 적정거리

사실 마음에 맞는 후배를 만날 확률은 높지 않습니다. 같은 부모에게서 나온 형제도 성격이 맞지 않아 으르렁대는 경우가 허다한데 주사위 던지듯 우연히 만난 후배는 오죽하겠어요.

그래서 사람을 처음 만났을 때는 적정거리를 우선 유지할 필요가 있습니다. 내가 마음을 열고 100을 주면 저쪽도 100까지는 아니더

라도 90 정도는 줄 사람인지를 평가해 보는 것이죠. 인간관계를 뭐 그리 치사하게 재나 하는 생각이 드시나요?

이런 적정거리는 상대방에 대한 배려이기도 합니다. 내가 100이란 애정을 주었을 때 상대 쪽에서 50만 주면 내 마음에 좌절이 생기고 좌절은 쉽게 분노로 바뀌기 때문입니다.

적정거리 유지가 필요한 또 다른 이유는 처음부터 거리를 좁혀 놓으면 다시 뒤로 물러날 때 내가 비난을 받을 수 있기 때문입니다. 스스로도 한심하게 느낄 수 있고 상대방은 사람이 어떻게 변하냐며 비난할 수 있습니다. 잘못은 후배가 하고 비난은 내가 받는 꼴이죠. 후배의 깊숙한 무의식에는 미안한 마음이 있을 수 있는데 그것마저 편하게 해주는 결과를 가져오기도 하고요.

예를 들어 이 상황에서 관계가 이미 너무 가깝다면 후배에게 화를 심하게 냈을 때 후배가 속상할 수는 있겠죠. 그러나 결국은 후배가 가지고 있는 죄책감에 오히려 면죄부를 주는 셈이 됩니다. 거기에 '너도 나랑 별다를 바 없는 속물이구나' 하며 후배가 나를 편히 무시하게 하는 빌미를 제공할 수 있고요.

그러므로 처음부터 적정거리 유지가 필요하다는 겁니다. 만일 이미 깊숙이 들어와 있다면 감정표현을 자제하면서 서서히 다시 적정거리를 유지하도록 한발 뒤로 빼세요.

사연 주신 분은 마음이 따뜻하고 사람 관계를 우선시하는 분이라 느껴집니다. 그에 비해 후배는 경쟁, 힘을 우선시하는 분이라 추측되네요. 사연 주신 분이 한 잘못은 딱 하나입니다. '저 후배도 나랑 마음이 같을 것'이라고 생각한 거죠. 그런데 나랑 마음이 잘 맞는 사람을 만나는 일은 흔치 않습니다. 평생 좋은 친구 하나만 만나도 행복한 인생이라고들 하죠. 그만큼 어려운 일인 겁니다.

후배와 잘 지내고 싶다고 하셨는데 따뜻한 마음으로 친해질 방법은 보이지 않네요. 하지만 후배를 공손하게 만들 방법은 보입니다. 힘을 중시하는 후배니 힘을 보여 주는 겁니다. 그러면 태도는 공손해지리라 생각합니다.

사장님바라기가 되지 못하는 나,
사회생활이 어려워요

> 일이 많아 이직하는 사람은 없어요.
> 다 사람 때문이죠.

#직장에서_마음이란 #거절은_상대에게_나를_보여주는_방법 #자아팽창감
#누군가에게_좋은_사람이_되고_싶다는_욕구
#한_사람에게만_좋은_사람이어도_행복할_수_있다

40대 직장인입니다. 전 직장에서는 부지런하고 일을 잘한다는 평을 받았는데 이번 직장에서는 적응부터가 어렵습니다. 우선 사장님은 저를 달갑지 않게 생각합니다. 사장님이 좋아하는 직원은 사장님의 말에 절대 토 달지 않고, 신처럼 떠받들고, 알아서 사장님의 불편을 해소해 주는 사람들입니다. 오직 '사장님바라기'로 살면서 그걸로 파워를 얻어 다른 직원들을 꼼짝 못하게 하죠. 저는 그 그룹에 속하는 게 싫고 부당하다는 생각에 그저 제 일만 묵묵히 하고 있습니다. 그런 저를 두고 다른 직원이 사회생활을 못한다고 하더군요. 그 말에 상당히 충격을 받았습니다. 지금도 거기에서 헤어나지 못하고 있어요.

이직을 하려고 할 때 보통은 일이 너무 많아서, 혹은 일이 나와 맞지 않아서라고 이야기하죠. 하지만 그건 표면적인 이유일 때가 많습니다. 실은 직장 내 인간관계 때문인 경우가 대부분이거든요. 특히 상사와 관계가 불편하다면 회사생활을 견디기 쉽지 않죠. 그 상사가 사장이면 말할 필요도 없고요. 실제로 직장 상사와의 관계로 고민하는 사연을 많이 만납니다. 그만큼 직장 상사와의 갈등은 흔하면서도 괴로운 일이지요. 이상적인 리더십을 갖춘 상사는 좀처럼 찾아보기 힘들다는 이야기이기도 하고요.

사회생활을 할 때 좋은 상사나 리더를 만나는 건 복이죠. 그만큼 드뭅니다. 좋은 리더십을 갖추기 위해선 상당한 자기절제와 훈련이 필요하기 때문입니다. 더욱이 영리를 추구하는 조직이라면 본질이 경쟁적이고 이익이 목표이기 때문에 사람의 마음은 중요도에서 밀리기 쉽습니다.

『직장으로 간 사이코패스』(2007)라는 심리학 서적이 있습니다. 사이코패스라고 하면 회사에 들어가기 쉽지 않고, 공격적 행동으로 대인관계에 문제가 생겨서 쉽게 해고당하지 않을까 생각했나요? 그런데 이 책은 실제는 다르다는 내용을 담고 있습니다. 의외로 회사 내에서 승승장구할 수 있다는 거죠. 사실 누가 사이코패스인지 아닌지 회사 내에서는 눈치채기도 어렵습니다. 실제 사이코패스는 다정하고 신사적인 모습일 수도 있거든요.

사이코패스의 핵심 병리 증상은 공감능력이 결여돼 있다는 겁니다. 공감은 타인의 고통을 나의 것처럼 느끼는 자연스러운 마음의 반응입니다. 나의 목적을 달성하기 위해 상대방의 마음을 사는 것과는 완전히 다르죠. 그리고 타고나는 자연스러운 본성입니다. 타인에 공감하다 보면 그 사람에게 안 좋은 말과 행동을 하기가 어려워지죠.

회사는 서로 아끼고 사랑하라고 만든 조직이 아닙니다. 일을 하다 보면 싫은 소리를 해야 할 때도 있고, 그럴 거면 그만두라는 말도 합니다. 이런 회사의 특성이 사이코패스 요소가 있는 사람과 잘 맞아떨어질 수 있습니다. 오늘 "우린 한 배를 탄 한 팀이야"라고 이야기하고도 바로 다음 날 싸늘하게 "넌 더 이상 이 조직에 필요 없어"라고 이야기할 수 있다는 거죠. 공감능력이 없으니까요.

사이코패스가 아니라 따뜻한 마음의 소유자라 해도 치열한 비즈니스 전투 현장에서는 공감능력이 감소하고 마음이 딱딱해지곤 합니다. 저 역시 비슷한 경험을 계속합니다. 안타깝게도 사람을 사람이 아닌 내 이익을 위한 수단으로 평가하는 거죠.

저는 회사 내 인간관계로 고민하는 분들에게 회사는 아름다운 곳이 아니란 이야기를 해드립니다. 내가 이상해서가 아니라 회사란 원래 갈등이 생기기 쉬운 곳입니다. 남을 배려하고 사랑하는 것이 목적인 봉사나 종교단체 안에서도 갈등이 있는데, 치열한 경쟁 속에서 이윤을 추구하는 회사 안에서야 말할 것도 없죠. 그런 곳에서 사랑과 정이 넘치는 아름다운 관계만을 기대하는 건 무리입니다. 다른 회사는 다를까 싶어 옮겨 봐도 같은 문제가 반복되기 일쑤입니다.

기대치가 높으면 실망도 크죠. 그러니 조직 안에서 맺는 인간관계의 한계를 인정해야 합니다. 인정하면 여유가 생기고 그러다 보면 우연찮게 좋은 관계가 생길 수도 있습니다. 회사 내 인간관계로 고민하고 있다면 너무 자책하지 마세요. '내가 사이코패스로 변해가는 것에 저항하고 있다'고 긍정적으로 생각하는 것도 좋을 것 같습니다.

회사는 싫든 좋든 다녀야 하니 에너지가 상당히 소비됩니다. 때문에 회사 밖에 재충전을 위한 좋은 관계 네트워크를 만드는 것도 중요합니다.

상사도 부하에게 사랑받고 싶다

"일 열심히 하는 나보다 회식 자리에서 잘 노는 동료가 먼저 승진해서 속상하다"라고 하시는 분을 상담한 적이 있습니다.

직장인들은 회식에 상사가 따라오지 않았으면 하는 마음을 내심 갖지요. 편한 게 좋으니까요. 상사가 그 자리에 있으면 스트레스 푸는 회식이 아니라 업무의 연장이 돼 버리기 일쑤죠. 특히 회식을 즐기지 않는 분들에겐 일보다 더 노동 강도가 큰 업무 시간이 됩니다.

그런데 상사들은 왜 그리 회식에 참석하려고 할까요? 일부러 상사가 약속이 있는 날 회식을 잡아도 "1차만 하고 올 테니 기다려"라고 하면 직원들은 우울하게 늦은 시간까지 2차를 하기도 하죠.

상사가 회식을 놓치지 않으려 하는 표면적인 이유는 '나도 피곤하지만 그것이 리더로서 책임감이다. 팀의 원활한 소통을 위해서 필요하다'는 겁니다. 하지만 내면적으로는 보상심리가 있지 않나 싶습니다. 어렵게 고생해서 그 자리까지 올라갔으니 보상받고 싶은 거죠. 상사에게 회식이란 사랑과 관심을 받는 자리니까요. 상사가 아무리 재미없는 이야기를 해도 다들 정신없이 웃어 주잖아요. 유재석 씨가 와도 그보다 더 인기는 없을걸요.

그러니 일만 열심히 하고 상사에게 잘 웃어 주지 않는 직원은 제자리인데, 일은 대충해도 회식에 열심히 참여하고 꼭 상사를 모셔가고 상사 이야기에 정신없이 웃어 주는 직원이 더 사랑받고 승진도 빠른 경우가 생깁니다. 물론 그런 직원을 먼저 승진시켜 주는 리더가 좋은 리더는 아니죠. 하지만 나에게 웃어 주는 사람에게 마음이가는 것은 자연스러운 감정 반응입니다.

누군가 나에게 존경의 눈빛을 보낼 때 사람은 자아팽창감이 커진다고 합니다. 자아팽창감은 내가 꽤 괜찮은 사람이라고 느끼는 감정이죠. 사람이 외로움을 느낀다는 것은 역설적으로 누군가에게 의미있는 사람이 되고 싶은 욕구가 존재한다는 것입니다. 리더가 되려고애쓰는 것도 성취욕 이상으로 성취를 통해 사랑받는 존재가 되고싶다는 강력한 동기 때문입니다.

그래서 좋은 리더가 되기 어려운 겁니다. 좋은 리더가 되려면 중심에 있고 싶은 욕구를 누르고, 구성원 입장에서 생각해야 하니까요.

회사에만 가면
꿀 먹은 벙어리가 됩니다

친한 사람 한 명 만들기부터
시작합시다!

#달변가라고_인기_있는_건_아님 #닥터_윤도_과묵한_사람에게_호감이
#사회공포증 #상황노출로_긍정적인_경험_쌓기

최근 취업한 30대 초반 남성입니다. 저희 회사는 60명이 근무하는 중소기업입니다. 출근한 지는 2주쯤 됐는데 출퇴근하면서 인사할 때를 빼면 대부분 입을 다물고 있습니다. 먼저 다가가야지 싶어서 처음엔 말도 걸어 봤지만, 매번 그다음엔 무슨 말을 해야 할지 머릿속이 하얘집니다. 당연히 잡담에도 끼지 못하고요. 제가 원래 남을 심하게 의식하긴 합니다. 그래서 하려던 말도 주춤하다 삼키는 편이에요. 너무 이러다 보니 자신감도 없고 패배자같이 느껴질 때도 있습니다. 사회생활이 처음도 아닌데 매번 이러네요.

이러다 제풀에 지쳐서 그만두게 되면 어쩌죠.

직장 내 소통의 어려움을 이야기하셨는데요, 글도 소통의 한 방법이죠. 그런데 쓰신 글을 보면 소통 기술 자체가 문제는 아니지 않나 하는 생각이 들었습니다. 자기 생각을 조리 있게 잘 쓰셨고 마음도 잘 전달되는 글이었습니다. 문제는 소통 기술이 아니라 본인이 쓴 대로 남을 너무 의식하는 것이 아닌가 싶네요.

연주 실력이 뛰어난 음악가도 청중을 너무 의식하면 불안과 공포가 커져 뇌가 마비돼 제대로 실력을 발휘할 수 없죠. 대화도 하나의 예술적 활동입니다. 상대방의 감정과 생각을 읽으면서 동시에 내 생각과 감정을 파악해, 전달하고자 하는 내용을 언어나 몸짓으로 나타내는 복잡한 인지활동이죠. 불안감이 생기면 뇌 기능이 떨어져 말이 잘 나오지 않고, 그런 부정적인 경험이 자신감을 잃게 해 더 불안감이 심해지는 악순환의 고리를 만듭니다.

머릿속이 하얘진다는 표현을 하셨지요. 보지 않고 글로 쓰는 건 잘 되는데, 얼굴을 맞대고 대화할 땐 상대방의 시선을 너무 의식하는 나머지 불안감이 올라가고 그로 인해 뇌 기능이 떨어져 입에서 말이 나오지 않는 상황입니다. 그런 부정적인 경험이 쌓여서 어렵게 들어간 직장을 그만두게 되지 않을까 걱정까지 하신다니 정말 안타깝네요.

모든 사람에게 사랑받을 수는 없다

그렇다면 혹시 내 마음속에 모든 사람에게 사랑받고 인정받고 싶은 생각이 있는 건 아닌지 한번 들여다볼 필요가 있습니다. 이런 이룰 수 없는 목표가 머릿속에 입력되면 삶이 힘들어질 수밖에 없거든요.

'모든 사람에게 사랑받으며 살아라'라는 말은 참 좋은 말입니다. 그렇게 살도록 노력하기도 해야겠고요. 하지만 이게 삶의 목표가 되고, 그걸 이루지 못하면 내 마음이 '이건 잘못된 인생'이라고 판단할 수 있습니다. 불안감이 치솟을 수밖에요.

내가 아무리 잘해도 나를 싫어하는 사람이 있을 수밖에 없습니다. 거꾸로 내가 특별히 잘하지 않아도 내게 호감을 느끼는 사람도 있죠. 그게 세상사입니다. 행복과학 연구는 나를 사랑하는 사람이 많아야 행복하다고 이야기하지 않습니다. 단 한 명이라도 마음을 터놓을 수 있는 친구가 있다면 행복할 수 있다고 하지요.

직장생활에서 대인관계 목표를 '1년 동안 딱 한 명 친한 사람을 만들어 보자'라고 정하시면 어떨까 싶습니다. 그렇다고 그 한 명을 만드느라 너무 애쓸 필요는 없고요. 느긋하게 기다리다 보면 다가오는 사람이 있을 겁니다. 사람들이 달변가를 좋아하는 것 같지만 꼭 그렇지도 않습니다. 저만 해도 입으로 먹고살지만 말수 적고 진지한 사람에게 호감이 더 가곤 하니까요.

단 한 사람하고만이라도 좋은 대화를 할 수 있다면 대화에 대한 불안감이 줄어 자연스럽게 소통의 범위가 늘어날 겁니다. 패배의식은 내 강박이 만드는 잘못된 느낌입니다. 용기를 내세요.

사회공포증, 전문가의 도움을 받아 보자

조금 더 나아가서 사회공포증에 대해서 살펴보겠습니다. 소개팅으로 새로운 사람을 만나거나 회사에서 여러 사람을 앞에 두고 발표할 때 어느 정도 불안감을 느끼는 것은 정상적인 반응입니다. 그러나 사회공포증이라 불리는 사회불안장애는 매일매일 사람과의 만남에서 불안이나 공포를 느껴 일상생활이 상당히 불편할 정도입니다. 다른 사람들이 나를 부정적으로 판단하고 비판하지 않나 두려움에 싸여 있다 보니 타인과의 만남에서 불안이 큰 것이죠.

진단과 관련된 구체적인 내용을 보면 사회공포증이 있는 사람은 친밀하지 않은 사람에게 노출되거나 타인으로부터 심사받는 사회적 상황, 또는 일을 수행해야 하는 상황에 대해 지속적인 공포가 있고 타인에게 이런 불안 증상을 보일까 두려워합니다. 또 두려운 상황에 노출되면 예외 없이 불안 반응이 나오는데 이것이 공황 수준으로 강할 수 있습니다. 이 공포가 비합리적이라는 걸 스스로도 알지만 잘 통제되지 않고 두려움을 주는 상황을 회피하는 행동이 늘어 일상생활이나 직장생활에 상당히 불편을 느끼게 됩니다.

불안이 이 정도로 크다면 전문가의 도움을 받는 것이 좋습니다. 사회공포증 치료는 심리치료와 약물치료를 병행합니다. 약물치료는 불안이나 공포 같은 심리 증상과 두근거림 같은 신체적 증상을 줄여주는 역할을 합니다.

사회적 관계에서 불안감이 강하면 그 불안이 사회적 관계 형성을 방해하고 회피 행동마저 일으킵니다. 과도한 불안은 견디기 어려우니까요. 그래서 약으로 불안 공포 같은 증상을 잡아 주는 것이 필요합니다. 사회적 관계와 부정적인 감정 반응 사이의 고리를 끊는 거죠.

그리고 인지행동요법 같은 심리치료를 함께하는 것이 도움이 됩니다. 내가 가진 부정적인 생각이 무엇인지 알아보고 그 생각이 얼마나 비합리적인지 같이 이야기 나누면서 합리적으로 바꾸어 가는 겁니다. 이를 인지재구성 훈련이라고 합니다. 여기에 더해 상황 노출 연습을 하게 됩니다. 용기를 갖고 사회관계를 맺어 보는 것이죠. 긍정적인 경험이 늘어나면 불안감이 줄어들게 됩니다.

일에 열정적이었던 나는 어디로 가고,
이제는 의욕이 제로

> 열심히 일하는 당신,
> 더 열심히 놀아라.

#권태로운_뇌 #일하는_뇌와_노는_뇌를_같이_돌리기
#놀아본_뇌가_잘_논다 #취미도_능력

42세 남성입니다. 군 제대 후 대학원을 졸업하고 바로 기업 연구소에 취직해 지금까지 잘 다니고 있습니다. 창의성을 요하는 상품개발 업무인데 적성에 잘 맞아 정말 열심히 일했습니다. 성취감, 만족감도 있었죠. 그런데 최근 회사가 성장하면서 업무가 크게 늘었습니다. 성과에 대한 중압감도 커졌고요. 그러다 보니 점점 지쳐가면서 웃음이 사라졌습니다. 무엇보다 참기 어려운 건 과중한 업무가 아니라 권태입니다. 주변 동료나 친구들에게 이런 고충을 이야기하면 "팔자 좋은 소리"라며 핀잔만 하네요.

피로가 권태로 바뀐 걸까요? 바쁜 와중에 권태가 오다니, 어떻게 된 걸까요?

영국의 한 대학에서 직장인 7,000여 명을 대상으로 한 최근 연구 결과, 권태감을 자주 느끼는 사람은 그렇지 않은 사람보다 심장마비로 사망할 확률이 2.5배나 높은 것으로 나타났습니다. 권태감이란 뇌가 변화를 느끼지 못할 때 찾아오는데요, 변화가 없거나 변화를 잘 못 느끼면 건강에 문제가 생길 수 있다는 말입니다.

'변화'라는 단어를 들으면 어떤 생각이 드나요. 요즘 직장인이 싫어하는 단어가 두 개 있는데, 바로 혁신과 회식이라네요. 우리 뇌가 변화(혁신)도 즐거움(회식)도 다 싫다며 투정을 부리는 것 같습니다.

뇌는 두 축을 중심으로 움직입니다. 하나는 일하는 축, 다른 하나는 노는 축입니다. 이 두 축은 완전히 따로 움직이지는 않습니다. 예컨대 일도 하고 놀기도 해야 더 즐겁습니다.

만약 일하는 뇌는 완전히 끄고 노는 뇌만 작동시키면 어떻게 될까요? 사연 주신 분처럼 즐거움은커녕 권태로움만 찾아옵니다. 시험 공부를 하면서도 머릿속에 다른 하고 싶은 일에 대한 생각이 가득 차 있을 때, 뇌가 권태롭던가요? 아니죠. 하지만 막상 시험이 끝나면 생각했던 일들이 별로 내키지 않습니다. 뇌가 권태로워진 거죠.

직장에서도 똑같습니다. 너무 일하는 뇌만 오래 작동시켜 뇌가 지치면 권태를 느낍니다. 번아웃 신드롬(Burn-out syndrome), 즉 소진증후군이죠. 뇌가 번아웃되면 일에 대한 의욕이 떨어지고 성취감을 느끼기도 어렵습니다. 권태로운 뇌가 된 겁니다.

해결책이요? 노는 뇌를 작동시키면 됩니다. 그런데 문제는 뇌가 지쳐 버리면 노는 뇌까지 멈춘다는 겁니다. 이를 예방하려면 열심히 일할수록 열심히 놀아야 합니다.

놀아 본 뇌가 일도 잘한다

그런데 어찌된 일인지 재미있겠지 싶어 시작한 일도 금세 시들시들해지곤 하죠. 왜일까요? 노는 게 쉬워 보이지만 실은 전혀 그렇지 않거든요. 노는 것도 일하는 것만큼 어렵습니다. 하도 '일하는 뇌'만 작동시키다 보니 '노는 뇌'가 잘 작동하지 않게 된 탓이기도 하지만 나랑 맞는 놀이를 찾는 데에는 시간이 걸리기 때문입니다.

별 의욕 없는 사람들한테 스트레스 관리법을 물으면 대부분 우물쭈물하며 답을 잘 못합니다. 그러다 하는 말이 "제가 술은 잘 못 마셔요"라고 하죠. 이렇게 스트레스 관리법으로 술을 가장 먼저 떠올립니다. 그럼 다시 묻습니다. 취미가 뭐냐고요. 여기에 대답하는 사람은 많지 않습니다.

취미라고 하면 젊은 사람에겐 소개팅할 때나 묻는 말일 거고, 앞만 보고 달리는 바쁜 직장인에게는 그저 팔자 좋은 소리로 들릴 겁니다. 그러면서도 시간적, 경제적 여유만 있다면 언제든 취미를 가질 수 있을 거라고 생각하죠. 과연 그럴까요?

열심히 달리기만 하면 뇌는 방전됩니다. 가만히 둔다고 뇌가 충전되는 것도 아닙니다. 뇌를 즐겁게 해줘야 하지요. 그런데 뇌는 아무

것에나 즐거워하지 않습니다. 뇌를 즐겁게 반응하도록 훈련하는 게 바로 취미생활입니다.

저는 삶의 목표 절반은 취미로 설정해야 한다고 생각합니다. 취미도 능력입니다. 지금 세상엔 굳이 비싼 홈시어터를 설치하지 않아도 취미력만 개발한다면 문화 콘텐츠를 얼마든지 즐길 수 있지요.

넘고 또 넘어도
자꾸만 찾아오는 슬럼프

> 불안에 중독된 당신,
> 자신을 너무
> 채찍질하지 마세요.

불안_주도형이신가요 # 성취에는_효과적일지도 # 그런데_뇌는_괜찮을까요
불안하지_않으면_불안한_사람 # 단절_훈련 # 잠시라도_외부_정보를_끊기

40대 초반 직장 남성입니다. 해마다 두세 번씩 슬럼프가 찾아와 애를
먹고 있습니다. 벌써 2주째 야근을 했는데도 업무 진행률은 0%입니다. 기한은
다가오는데 좋은 아이디어는 떠오르지 않고 시간만 흐르네요. 이런 위기가 닥칠
때마다 지금까지는 여차저차 넘겼지만, 이번에는 이대로 주저앉을 것만 같아 불
안합니다.

반복되는 슬럼프, 어떻게 돌파해야 할까요?

자신을 너무 채찍질하지 마세요. 2주째 야근을 하고 계시다니 성실하고 열정적인 분이라 느껴집니다. 자신을 밀어붙여 주어진 임무를 완수했을 때의 성취감을 이미 경험했고 그런 쾌감을 즐기시는 분이란 느낌도 듭니다. 이런 캐릭터가 영화나 드라마에서 멋진 주인공 역할을 맡지요. 자신을 한계까지 밀어붙여서 위기를 극복하고 성취하는 모습은 매력적이니까요.

야근 안 하면 일을 못하는 불안 중독

그런데 실제 생활에서 이렇게 밀어붙이기만 하는 식으로 일하는 건 문제입니다. 마음의 에너지가 고갈되기 쉽고 일의 효율도 떨어지죠. 심리적으로는 불안 중독 현상도 보일 수 있습니다.

사람은 무언가 성취를 이루었을 때 그 원인이 무엇이었는지 생각합니다. 예를 들어 2주간 야근을 하며 업무를 수행할 때 뇌는 전투 상황입니다. 전투를 할 때 주로 쓰는 감정신호가 불안이지요.

불안을 높여서 전투적으로 나를 밀어붙여 성취를 이루면 불안을 느껴야만 성취를 이룰 수 있다고 뇌가 기억합니다. 그래서 일할 때 불안하지 않으면 불안해집니다. 불안하지 않으면 마치 일을 못한 것 같은 불안이 생기기 때문입니다. 불안이 불안을 만드는 꼴이랄까요.

때론 불안 주도형의 공격적 업무 스타일이 필요할 때도 있습니다. 단기적으로 위기를 돌파할 때 유용하죠. 그러나 이런 식으로 오래

일하다 보면 과불안 상태가 되어 전반적인 뇌의 기능이 떨어집니다. 뇌의 에너지가 고갈되는 번아웃 신드롬이 찾아올 수 있지요.

너무 지쳤을 땐 분노조절도 안 돼

번아웃 신드롬이 찾아오면 세 가지 문제가 뚜렷하게 보입니다.

먼저 의욕이 떨어집니다. 일이 부담스럽고 무겁게만 느껴지죠. 아무리 애써도 동기 부여가 잘 일어나지 않고요. 둘째, 억지로 몸을 움직여 일해도 성취감이 잘 느껴지지 않습니다. 목표를 달성해도 만족감을 느끼지 못하지요. 마지막으로 공감능력이 현저히 결여됩니다.

공감은 남을 위로하는 능력이면서 내가 남에게 위로받는 능력이기도 합니다. 지쳤을 때 상대방에게 따뜻한 감성 에너지를 받아 충전을 해야 하는데 주는 것은 고사하고 받는 것도 잘 안 되는 마음 상태가 되죠.

공감능력이 떨어지면 소통도 거칠어집니다. 공감은 남의 고통을 내 고통처럼 느끼는 것인데 저 사람의 고통이 잘 느껴지지 않으니 평소 친절했던 사람 입에서도 거친 말이 튀어나올 수 있습니다. 심하면 분노조절이 되지 않아 사회적으로 문제가 되는 행동마저 할 수 있고요.

번아웃 신드롬의 해결책으로 '연결을 위한 단절 훈련(disconnect to connect training)'이라는 것이 있습니다. 지친 뇌를 충전케 하는,

마음에 자유를 주는 마인드 바캉스 훈련이라고 보시면 됩니다.

마음의 자유를 정신의학적으로 설명하면 'detachment', 즉 '거리 두기'입니다. 맹렬히 작동하던 전투 시스템의 스위치를 잠시 *끄고*, 치열한 삶에서 한 발짝 물러선 다음, 뇌를 이완시키고 충전 시스템을 활성화하는 것입니다.

현대인은 밀려오는 외부 정보와 전투를 벌이는 뇌의 스트레스 시스템이 과도하게 활성화되어 있습니다. 충전 없이 스트레스 시스템만 계속 작동하면 뇌의 에너지가 소진돼 버립니다. 그래서 하루에 10분이라도 외부 정보와의 연결을 끊는 단절 훈련을 하는 것입니다. 외부 정보와의 전투에서 잠시 벗어나면 내면의 충전 시스템 스위치가 올라가지요.

그동안 열심히 일했는데
한 번의 잘못으로 무너지다니

> 억울함은 지울 수 없어도
> 날 아프게 하는
> 분노는 다스려 봅시다.

억울한_일도_상처도_피할_길이_없다 # 이것이_인생의_길
기억은_지울_수_없지만_분노는_다스릴_수_있다 # 긍정마음_집중훈련 # 용서의_9단계

37세 직장 여성입니다. 요즘 억울한 기억이 계속 떠올라 괴롭습니다. 지난해 초 회사를 관뒀습니다. 그만두기 전까지는 회사를 진심으로 아끼며 정말 열심히 일했습니다. 상사에게 인정받아 최연소 팀장 자리도 따냈습니다. 그런데 팀원 실수로 회사에 손실을 입히는 바람에 직속 관리자로서 책임을 지게 됐습니다. 평소 나를 아껴 준다고 생각했던 상사가 돌변해 "네 책임"이라며 거칠고 모진 말을 쏟았지요. 거기에 큰 충격을 받았습니다. 그 말들이 머리를 맴돌며 계속 저를 괴롭히네요. 그 생각만 하면 가슴이 답답하고 손까지 떨릴 지경입니다.

어떻게 하면 이 일에서 벗어날 수 있을까요?

말만으로 사람의 생명을 뺏을 수 있을까요? 최고 권위를 자랑하는 의학 학술지 《뉴잉글랜드 의학 저널(*New England Journal of Medicine*)》에 '암'보다 무서운 게 '말'임을 증명하는 연구 결과가 2012년에 발표되었습니다. 암을 통보받은 사람은 그 사실을 알게 된 첫 일주일간 자살 위험도가 12.6배 증가했고, 심장 문제로 인한 사망 위험도도 5.6배 늘었습니다. 암으로 심장이 멈추는 게 아니라 "당신은 암"이라는 말에 심장이 멈춰 버릴 수 있다는 말입니다.

암을 통보받으면 대부분 '왜 나한테 이런 일이 닥쳤지' 하는 억울한 감정과 분노가 강하게 일어납니다. 이것이 암 이상으로 해가 되는 거죠.

정신과 의사로서 많은 사람과 대화를 하다 보면 인생은 직선이 아니라 굴곡이 있는 곡선이라는 생각이 듭니다. 조심조심해서 문제없는 인생을 살려고 아무리 노력해도, 살다 보면 억울한 일이 생기기 마련이니까요. 그렇기 때문에 억울한 사건에 대한 기억과 분노를 다스리는 일은 매우 중요합니다. 과거에 대한 감정 반응이 현재의 나를 소멸시킬 수도 있기 때문입니다.

먼저 지금 억울한 일이 있다면 그 일에 감정적으로 몰입하지 않도록 노력해야 합니다. 그럴 땐 나 자신을 영화관의 하얀 스크린으로 만들어 보세요. 직장 상사가 나에게 상처를 준다면 그 사람의 분노가 거기에 그냥 비춰지게 하는 겁니다. 다시 말해 그 사람의 감정을 관객으로서 관찰하는 것입니다. 불쾌한 영화 한 편 본다 치고요.

상대방 반응에 너무 빠져들면 그 사람과 함께 영화를 찍는 것과 똑같습니다. 분노를 과하게 표출하는 사람과 같이 영화를 찍으면 본인이 상처를 심하게 입을 수밖에 없겠지요.

또한 감성 스트레스는 그때그때 풀어 주는 게 좋습니다. '긍정마음 집중훈련'이라는 것이 있습니다. 우선 숨을 깊이 들이마시고 내쉬기를 두 번 반복하면서 배에 집중해 복식호흡을 합니다. 깊은 호흡을 하면서 좋아하는 사람이나 경탄을 자아냈던 경치를 마음속으로 그려봅니다. 심장 부근에 긍정적인 느낌이 모여 있다고 생각하는 것도 도움이 됩니다. 이를 2~3분 지속합니다. 그럼 마음이 좀 풀어집니다. 이후엔 문제를 풀기 위해 어떻게 해야 할지 주변 사람과 상의합니다.

너무 단순해 보이나요? 그래도 분명 분노가 스트레스를 과도하게 일으키는 걸 차단해 내 몸과 마음을 지킬 수 있는 방법이니 한번 시도해 보세요.

용서의 9단계 적용해 보기

그러나 상처가 너무 크면 이런 시도도 소용없겠죠. 그 일이 기억 속에 뿌리 깊이 박혀 삶에 계속 영향을 끼칠 수 있습니다. 이 사연도 1년 전 사건이 마치 지금 막 일어난 것처럼 부정적 영향을 주고 있죠. 내 건강을 위해서라도 나를 분노하게 만든 사람을 용서해야 할 텐데 이게 쉽지 않습니다. 그래서 프레드 러스킨(Fred Luskin)이라는 저명한 학자는 용서의 의학적 유익성을 연구하여 '용서의 9단계'를 제시했지요. 한번 같이 알아볼까요?

첫 단계는 분노를 억누르는 대신 분노를 일으킨 사건에 대한 느낌을 이해하고 그것을 믿을 수 있는 주변 사람에게 말로 표현하는 것입니다. 부정적인 감정은 억누르면 더 커지는 특징이 있습니다. 괴롭더라도 그 감정을 이해하고 용기 있게 이야기를 나눠 보세요.

두 번째 단계는 용서를 수용하는 것입니다. 남을 위해서가 아니라 내 마음과 몸을 건강하게 하기 위해서 용서라는 방법론을 받아들이자는 이야기지요. 이런 결심을 주변에서 알게 할 필요는 없습니다.

세 번째 단계는 용서에 대한 이해인데요. 용서가 화해를 뜻하는 건 아닙니다. 용서했다고 해서 그 사람의 행동을 정당화할 필요도 없습니다. 용서는 그저 내 마음에 평안을 주는 것이 목적입니다. 남이 아닌 나를 위해 용서하자는 것이지요.

네 번째는 나를 분노하게 만든 사건에 대한 인식을 바꾸는 겁니다. 현재 나를 힘들게 하는 일차적 원인은 2분 전, 또는 2년 공격당한 사건 자체가 아니라 그로 인해 발생한 내 내면의 상처, 그리고 육체적 불편함입니다. 그 사건과 감정을 분리해 보는 것이 중요합니다.

다섯 번째는 고통스러운 기억이 되살아나면 곧바로 스트레스 이완을 위한 기법을 활용합니다. 앞에서 이야기한 긍정마음 집중훈련도 한 방법입니다. 사색하며 걷기나 요가, 명상도 도움이 됩니다. 문화를 즐기는 것도 좋고요.

여섯 번째는 다른 사람에 대한 기대를 줄이는 것입니다. 사람은 누구나 자신의 건강과 사랑·우정·사회적 성공을 위해 노력할 수 있습니다. 그러나 주변 사람이 나를 위해 내 생각대로 움직여줄 것이라는 기대는 고통만 일으킵니다. 세상일이 내 마음대로 안 된다는 것을 받아들이라는 겁니다.

일곱 번째는 상처받은 경험만 끊임없이 생각하는 대신 긍정적인 목표를 이룰 수 있는 다른 길을 찾아보는 데 힘을 기울이는 것입니다. 에너지를 과거 회상이 아닌 긍정적인 현재에 투자하는 거지요.

여덟 번째는 내 삶을 잘 살아가는 것이야말로 가장 멋진 복수임을 잊지 않는 것입니다. 누군가를 미워할수록 분노는 커져만 가고 내 삶의 긍정성을 해쳐 인생이 후퇴하게 됩니다.

마지막 아홉 번째는 긍정적인 스토리텔링을 하는 것입니다. 원망하는 넋두리 대신 용서라는 대담한 결정을 내린 멋진 나를 주인공으로 하는 스토리 말입니다.

9단계가 너무 복잡하다고요? 그럼 2단계로 줄여 볼까요? 분노는 내 마음과 몸을 상하게 하니 그렇게 되기 전에 스트레스를 적극적으로 관리하는 것이 첫 번째이고, 분노에 쓸 에너지를 내가 소중하게 생각하는 가치에 투자하는 것이 두 번째입니다.

아니, 고작 이런 방법으로 한 맺힌 내 아픈 기억이 정말 사라질 수 있느냐고요? 물론 기억을 지울 수는 없습니다. 그러나 그 과거가 현재에 끼치는 부정적인 영향은 충분히 조절할 수 있습니다. 사람은 도망치면 끝도 없이 약해지지만 마음먹고 부딪치면 놀라운 용기를 보이는 잠재력을 가지고 있습니다.

기억하세요. 과거를 용서하는 최고의 전략은 현재의 가치에 몰입하는 것입니다.

다이어트에 실패하고, 새해 계획이 작심삼일로 끝나고, 중요한 결정을 잘 내리지 못할 때 우리는 좌절하곤 합니다. 의지박약이라며 자신을 탓하기도 하죠.

사람에 따라 자기만의 아킬레스건이 있습니다. 아킬레스건이 있다고 불행한 사람인 건 아니죠. 다들 각자 단점을 갖고 있는데, 거기에 너무 매몰되면 긍정성이 옅어지고 행복지수도 떨어집니다.

단점도 예뻐해 주세요. '난 체중조절에 좀 약하네' 하며 하하하 호탕하게 웃는 여유로 말이죠. 그래야 다이어트 스트레스가 사라지면서 심리적 허기도 줄고 오히려 체중조절이 용이해집니다.

나는 단점이 많다고요? 아마 그만큼 장점도 많을 겁니다.

찾아봅시다, 나의 장점을.

지키지 못하는 계획,
자책하는 내 모습은
이제 그만

지긋지긋한 다이어트,
왜 평생 실패만 할까요?

체중계 눈금은 마음에 달렸습니다.

#비만의_결정적_치료법 #없다 #먹는_쾌감_너무_강렬하잖아요
#삶의_본질적인_기쁨을_찾기 #심리적_허기 #의식하면서_식사하기

30대 중반 주부입니다. 결혼을 늦게 해서 지난해 첫 출산을 했지요.
휴가 시즌을 피해 다음 주 1박 2일로 호텔 패키지를 예약해 놓았습니다. 아이는
친정어머니가 봐주시기로 해서 오랜만에 짧게라도 남편과 신혼 분위기를 즐기
려고요. 그런데 한 가지 문제가 있어요. 바로 제 뱃살입니다. 호텔 수영장에서 비
키니 수영복을 입고 싶어서 한 달째 운동을 열심히 하고 있는데 아침마다 체중
계에 올라가면 몸무게에 변화가 없어요.

너무 우울합니다. 휴가마저 취소하고 싶을 지경이에요.

바캉스 시즌 동안 체중계와 전투를 벌인 분들이 한 두 분이 아닐 겁니다. 그런데 체중에 큰 변화가 없으니 얼마나 속상하시겠어요. 마음속에선 자기 비난의 소리마저 들릴 수 있습니다. '넌 의지박약이야. 먹는 것 하나 마음대로 조절하지 못하다니' 하고요.

'뱃살을 뺄 수 있는 확실한 치료법은 무엇일까?'라는 질문에 대한 답변은 '운동, 약물, 수술' 등입니다. 그러다 속삭이듯 누가 말합니다. '실은 덜 먹는 거 아닐까요?'라고요. 맞습니다. 비만의 치료법은 매우 단순합니다. 덜 먹으면 됩니다. 하지만 의학적인 측면에서는 비만의 결정적인 치료법이 아직 없다고 이야기합니다. 덜 먹는 게 거의 불가능한 일이기 때문이죠.

요즘도 먹방이 인기죠. 방송국이 주방으로 변신한 것 같기도 합니다. 그런데 사람들은 왜 먹방에 빠져드는 걸까요? 우리 뇌 안에는 쾌락 시스템이 존재하는데, 그 시스템이 좋아하는 가장 원초적이고 강력한 것이 먹는 쾌감입니다. 먹방은 가볍게 보이지만 사실 쾌감의 가장 강력한 요소를 자극하고 있는 것이죠. 다이어트가 쉽지 않은 이유가 여기에 있습니다. 식욕은 쾌락을 동반한 강력한 생존 욕구거든요.

살이 찌는 것은 필요 이상으로 에너지를 섭취하고 있다는 뜻입니다. 그렇다면 왜 필요 이상으로 먹는 걸까요? 바로 심리적 허기 때문입니다. 우리가 섭취하는 칼로리의 상당 부분은 스트레스받는 자신을 위로하고자 하는 심리적 허기에 의한 것입니다.

부부싸움 후, 직장에서 상사에게 깨진 후, 먹고 싶은 욕구가 치밀어 오르는 것을 종종 느끼지요? 생존을 위해 만들어진 먹는 쾌락을 삶을 위로하는 데 사용하다 보니, 허기를 채우는 정도 이상으로 먹고, 남는 에너지가 모두 배로 가고 있는 겁니다.

'빼야지'보다 '건강해야지'로 바꿔야

그러므로 다이어트는 심리적 허기를 줄이는 것에서부터 시작해야 합니다. 다행히 심리적 허기에는 특효약이 있습니다. 바로 '자유'입니다. 먹는 욕망을 통제하는 다이어트는 자유를 억압할 뿐이죠. 이래서야 심리적 허기를 증폭시키기만 합니다. 먼저 체중계에서 자유로워집시다. 체중계에 오를 때마다 스트레스를 받게 되고 그만큼 더 먹고 싶어지니까요.

그리고 '체중을 줄이겠다'는 목표를 '삶을 더 건강하게 즐기겠다'는 목표로 바꿔야 합니다. 똑같은 운동이라도 살을 빼려고 하면 스트레스를 받습니다. 운동의 목적은 살을 빼는 것이 아닌 '내 몸의 움직임을 느끼고 자연과 같이 호흡하는 것'이 돼야 합니다. 그럴 때 뇌는 이완되면서 자유라는 쾌감을 느끼도록 설계돼 있으니까요. 먹는 것이 생존의 쾌감이라면, 자유는 생존을 통해 얻고자 하는 삶의 본질적인 기쁨인 셈이죠.

바캉스를 위해 굶지 마세요. 뱃살이 있건 없건, 바캉스를 떠나 멋진 곳에서 내 마음과 몸의 자유로움을 충분히 즐길 때, 슬며시 심리적 허기도 가라앉습니다.

적당히 먹으면서 심리적 허기를 줄이는 방법 하나를 소개해 드리겠습니다. '의식하면서 식사하기', 영어로 'conscious eating'이라고 하는 것을 권합니다. 말 그대로 내 입속에 들어온 밥알의 느낌, 음식의 향, 색깔 등을 음미하며 식사하는 것입니다.

내가 미식가도 아닌데 뭐 그런 것까지 느끼나 싶으신가요? 그런데 이 단순한 식사 습관이 잠시나마 바쁜 일상에서 나를 분리해 나를 느끼는 기회를 만들어 주고 마음을 충전시킵니다. 마음이 충전되면 심리적 허기도 줄어들기 때문에 과식을 막고 다이어트에도 도움이 되지요.

먼저 조용히 식사할 곳을 찾아봅시다. 자연과 가까운 곳이라면 더 좋습니다. 일과 관련된 것을 주변에 두지 않습니다. 음식은 건강에 좋은 것으로 선택합니다. 일은 잠시 잊고 내면의 감각을 깨워봅니다. 먹기 전에 음식의 향과 색깔 등을 느껴봅니다. 그리고 세 번 깊게 숨을 들이마시고 내쉰 후 식사를 시작합니다. 천천히 잘 씹으며, 그 느낌에 집중합니다. 입안의 음식이 다 넘어가기 전에는 또 음식을 넣지 말고 충분히 음식을 느낍니다. 느린 식사를 하는 거죠.

'아이고, 그래서야 언제 밥을 다 먹나'라고 생각하셨나요? 제 이야기가 답답하게 느껴지신다면 뇌가 너무 전투적인 상황에 있는 겁니다. 하루에 잠깐이라도 이런 이완의 시간을 가져야 오히려 강한 전투력을 유지할 수 있습니다.

나의 체중을 너무 미워하지 말아요

그 어려운 다이어트에 나름 성공했는데도 마음이 어두워져 사람도 만나지 않고 우울증까지 찾아오는 경우도 있습니다. 실제로 다이어트 성공이 심리적 스트레스를 상당히 일으킨다는 연구 결과가 있는데요. 영국의 한 대학에서 50세 이상 2,000명을 대상으로 조사한

결과 체중 감량에 성공한 사람들이 슬픔, 외로움, 무기력, 정서불안을 보통 사람의 2배 가까이 더 느끼는 것으로 나타났습니다. 우울 증상도 더 흔하게 나타났는데, 그만큼 먹고 싶은 것을 참는 것이 상당한 스트레스란 이야기입니다.

당연히 몸에 지방이 많다고 해서 마음이 행복해지는 것은 아닙니다. 과거에는 '즐거운 지방 이론', 영어로는 'jolly fat theory'라고 하여 퉁퉁한 사람이 더 행복하다는 이론도 있었지요. 하지만 비만은 우울의 위험 요인이기도 합니다. 요약하면 체중이 증가해서 더 행복해지지도 않지만 지나친 다이어트도 정신적으로는 해롭다는 이야기입니다.

그러므로 다이어트 강박에서 벗어나야 합니다. 배가 좀 나왔다면 삶의 여유라 생각하며 예쁘게 봐주세요. 자기 체중을 너무 미워하고 체중 감량에 대한 의지가 너무 강하다 보면 그것 자체도 스트레스가 되고, 또 감량에 실패하면 반작용으로 의지 제로 상태가 되면서 더 먹고 운동도 전혀 안 하는 행동으로 이어집니다.

몸무게가 오르든 말든 꾸준히 건강 행동을 하는 것이 정답입니다. 다이어트 강박에 사로잡혀 너무 거칠게 나를 몰아세우기보다는 좀 퉁퉁해도 꾸준히 운동하고 균형 잡힌 식이를 하는 것이 몸과 마음을 더 건강하게 유지할 수 있는 방법입니다.

뭘 해도 작심삼일,
더 센 목표가 필요할까요?

> 계획은 '식은 죽 먹기'부터
> 시작합시다.

#목표_달성에는_자아효능감이_즉효 #주변의_지지와_격려_원해요
#계획이_창대하면_실패할_확률이_높다 #작은_성공_경험을_쌓기

제 고민은 '작심삼일(作心三日)'입니다. 연초에 큰맘 먹고 계획을 세워도 몇 주는 잘 하다가 결국 흐지부지될 때가 많습니다. 저는 술, 담배를 하고 과체중입니다. 계획이 강할수록 동기 부여가 잘된다고들 하기에 지난해 1월엔 술, 담배를 모두 끊고 매일 운동하기로 결심했죠. 무리해서 피트니스 센터도 1년치나 카드로 결제했고요. 처음 일주일은 잘 지켰는데 회사 일이 바빠 하루이틀 운동을 빠졌고, 회식 자리에서 한두 잔 하다 보니 모든 계획이 와르르 무너져 결국 그 어느 해보다 운동도 안 하고 술, 담배를 실컷 하고 말았습니다.

제 동기가 약한 걸까요? 올해는 더 무리해서 건강관리 계획을 세워야 할까요?

'목표가 세고 강해야 동기 부여가 잘 된다'는 말부터 다시 생각해 봐야 합니다. 실은 목표가 거대한 만큼 실패를 경험할 가능성도 높거든요.

내가 정한 목표를 달성하는 데 있어 중요한 심리적 요인은 '자아효능감'입니다. 자아효능감은 어떤 일을 내가 잘해낼 수 있다고 믿는 마음의 힘입니다. 자아효능감을 증대시키는 중요한 요소가 '첫 성공 경험'입니다. 목표가 거대하면 아무래도 첫 달부터 실패를 경험할 확률이 높아지죠. 첫 달의 실패는 자아효능감을 뚝 떨어뜨립니다. 그리고 '올해는 어쩔 수 없다'며 내년으로 계획을 미루게 되고요.

작은 성공이 행동을 변화시킨다

운동하기로 마음먹었다면 일단 작은 계획부터 실천해서 점진적으로 최종 목표에 도달하도록 하는 것이 좋습니다. '이 정도는 식은 죽 먹기로 할 수 있다' 싶은 수준에서 시작하는 거죠. 예를 들어 일주일에 두 번, 30분 정도 운동하기부터 시작하는 겁니다. 그리고 서서히 계획을 확장하면 성취감을 느끼고 자아효능감이 증대된다는 연구도 있지요.

거창한 목표가 작심삼일의 원인일 수도 있습니다. 건강을 위해 다이어트와 금연을 시작하려는 중년 남성들이 종종 이렇게 결심을 이야기합니다. "오늘부터 담배 끊고 하루 한 시간씩 운동하겠습니다."

그리고 저에게 칭찬을 기대하는 눈빛을 보냅니다. 그러면 일단 웃어 드리고 이렇게 이야기하죠.

"둘 중에 하나를 먼저 시작하면 어떨까요? 제 생각에 담배를 갑자기 끊으면 뇌가 스트레스를 받을 테니 일단 담배는 계속 태우시고 운동부터 해보세요. 그리고 운동 계획도 이 정도는 식은 죽 먹기랄 정도로 쉬운 것부터 시작해 보세요. 하루에 10분 정도, 주 2회라도 좋습니다."

이렇게 말씀드리면 '저 사람 이상한 의사네'라는 눈빛을 받습니다. 담배를 계속 피우라니, 그리고 운동도 하겠다는데 말리다뇨. '내가 그것도 못할 사람처럼 보이냐'는 섭섭한 기색도 느껴집니다.

고통 없는 성장은 없다지만 내 행동변화를 위한 심리 전략 측면에선 다르게 접근할 필요가 있습니다. 계획이 너무 커서 실패를 경험하게 되면 자아효능감이 떨어지고, 이 때문에 변화에 대한 동기가 사라져 작심삼일을 반복하게 되죠. 통증이 도움이 되지 않는 것입니다.

'칭찬은 고래도 춤추게 한다'는 말이 있죠. 이처럼 주변의 정서적 지지, 칭찬도 자아효능감 증대에 매우 중요한 요소입니다. 사람들을 놀래키고 싶은 마음에 다이어트나 금연을 몰래 하는 분도 있지요. 조용히 몸을 만든 후 날씬해진 몸을 사람들에게 보여줘서 '서프라이즈 효과'를 극대화하고 싶은 마음에요.

그러나 실제로는 이렇게 남몰래 행동을 바꾸려 하는 것이 작심삼일을 만듭니다. 행동변화라는 건 매우 고통스러운 일이기 때문에 주변에서 지속적으로 칭찬과 격려를 받는 것이 크게 도움이 됩니다.

주변 사람에게 소문을 내고 내가 잘하면 문자나 전화로 칭찬을 많이 해달라 부탁하세요.

내 안의 청개구리 심보 달래기

작심삼일은 실패자만의 전유물이 아닙니다. 누구나 뇌 안에 청개구리 심보가 있거든요. 무언가 열심히 하려고 하면 그 청개구리가 도와주지는 못할 망정 오히려 저항하고 튕겨 나갑니다.

'봄부터는 꼭 금연할 거야' '내일부터 확 끊어야지' '하루도 빠지지 않고 매일 한 시간씩 운동할 거야' '술은 일주일에 한 번만 마시자' '하루 두 끼만 먹고 체중을 10킬로그램 이상 빼겠어' 등 우리는 늘 단호한 시나리오를 마련합니다. 하지만 이렇게 희망을 안고 쓴 시나리오가 무기력하게 흥행에 실패하고 나면 '난 안 돼'란 생각에 자신감이 사라집니다. 작심삼일로 끝나지 않는 시나리오는 없을까요?

병원에서 라이프스타일 관련 상담을 하다 보면 대체로 두 가지 반응을 보입니다. 예컨대 운동을 권하면 "내일부터 하루도 빠지지 않고 운동하겠다"라고 적극적으로 반응하는 사람이 있는가 하면, "자신이 없다"라며 무기력하게 반응하는 사람도 있습니다. 얼핏 전자의 결과가 좋을 것 같지만 꼭 그렇지도 않습니다. 계획이 거창할수록 실패할 가능성이 높다고 했지요. 그게 작심삼일의 심리적 원인이기도 합니다.

다음은 한 의과대학 4학년 강의 때 학생들에게 던졌던 질문입니다.

다음 중 건강한 행동 증진과 가장 관계가 먼 것부터 순서대로 나열하면?

① "이대로 담배 피우면 암에 걸려 곧 죽는다"라는 열정적인 의사의 권고

② "이대로 죽겠다"라며 의사 권고에 강력하게 저항하는 환자

③ "알겠다"라며 순응하는 환자

④ "금연하는 게 어떻겠냐"라며 겸연쩍게 질문을 던지는 소심한 의사

여러분 생각은 어떠신가요. 정답은 ①, ③, ②, ④입니다.

① 같은 강한 권유를 직면적 요법이라고 합니다. 과거 의사들이 많이 쓰던 방법인데, 행동변화에 대한 동기가 있는 사람에게는 효과가 있으나 그렇지 않으면 오히려 담배를 더 피우게 만듭니다. 이성적으론 끊어야 하는 이유가 분명해도 감성이 따라 움직여 주지 않으니 행동변화가 일어나지 않거나, 변화가 있더라도 오래가지 못합니다.

아이러니하게도 강한 권유는 우리를 더 건강하게 만들어 줄 변화에 오히려 브레이크를 겁니다. 아무리 좋은 얘기도 반복해서 들으면 잔소리로 느껴지듯이, 너무 강성 일변도로 자신을 채찍질하면 반동으로 튕겨나가지요.

③은 의사 입장에선 흡족한 대답입니다. 하지만 사실은 의지 없이 의사의 비위 맞추기용 응대일 가능성이 큽니다. 의사는 '예스'를 잘하는 환자가 좋죠. 그러나 언어적 긍정과 실제 행동은 반대로 가기 일쑤입니다.

②는 의사들이 제일 싫어하는 진상 환자처럼 보이죠. 하지만 저항을 좋은 에너지로 돌릴 수만 있다면 의외로 좋은 결과를 기대할 수 있습니다. 암환자 생존율과 연관한 심리적 특성 연구를 봐도 순응하는 환자보다 의사와 싸우고 까칠한 모습을 보인 환자가 더 오래 살았다는 결과가 있습니다. 싸움 자체가 생존율을 높인 건 아니지만 감정을 삭이기만 하느니 속마음을 솔직하게 털어놓는 게 우리 몸에 생명력을 불어넣는 듯합니다.

그러나 의사도 사람인지라 열심히 이야기했는데도 환자가 삐딱하게 반응하면 '내 전문가적 권위에 도전하는가' 하는 생각에 환자를 소홀히 대하기 쉽습니다.

성공한 영업사원 가운데 '저런 성격으로 어떻게 사람을 설득했을까' 싶을 정도로 내성적인 사람이 있는데 ④가 그런 경우입니다. 우리 감성은 청개구리 같아서 아무리 좋은 것도 누가 밀어붙이면 오히려 거부하곤 하죠. 반면 소심한 듯 보여도 상대방 의견을 조심스레 묻는 질문은 저항감을 줄이고 자발적인 동기 부여를 해주는 최고의 상담 기술입니다.

저항감이 꼭 부정적인 건 아닙니다. 이 역시 정상적인 반응이고 에너지입니다. 저항감 뒤편의 심리적 요인들을 잘 해결해 이 에너지를 긍정적으로 돌릴 수만 있다면 건강한 행동에 한발 더 다가갈 수 있습니다. 저항감을 긍정적인 에너지로 전환시키는 작업이 동기 부여 과정입니다.

결정장애 때문에
늘 후회와 불안뿐

> 우유부단은 누구에게나
> 찾아올 수 있어요.

#우유부단은_완벽주의의_친구 #강박적_느림
#때로는_직감이_신중함보다_낫다 #빨리_결정해야_한다는_안팎의_요구에_맞서기

30세 직장 여성입니다. 전 무슨 일이든 결정을 잘 내리지 못합니다. 식사 메뉴 고르기 같은 작은 일부터 업무에 이르기까지, 뭐든 혼자 결정하기가 무척 힘듭니다. 스스로 무엇을 원하는지 모르겠고, 주변의 지지가 없으면 불안하기만 합니다. 뭔가를 선택했는데 주위에서 부정적인 이야기가 나오면 바로 결정을 후회하지요. 하나를 선택하면 나머지 대안을 놓치는 것 같아 아쉽기도 하고요.

어떻게 하면 결단력 있게 결정을 내릴 수 있을까요?

중국집에서 짬뽕을 먹을지 짜장면을 먹을지 고민 안 해 본 사람, 아마 없을 겁니다. 죽고 사는 문제도 아니고, 오늘 짜장면 먹고 내일 짬뽕 먹으면 그만인데도 결정이 어렵습니다. 오죽하면 짬뽕과 짜장면을 반씩 담은 짬짜면까지 나왔겠어요. 그러나 선택이 쉬워지기는커녕 짬뽕, 짜장면도 모자라 짬짜면까지 끼어들어 더 고르기 어렵습니다.

인생은 크고 작은 선택의 연속입니다. 물론 심사숙고해 옳은 결정을 하는 것은 중요합니다. 그러나 심사숙고와 우유부단(indecisiveness)은 다릅니다. 우유부단은 결단력이 떨어지는 불안 반응이지요. 우유부단이 심하다면 불안신호로 자극받는 내 스트레스 시스템이 과도하게 작동하고 있는 건 아닌지 의심해 봐야 합니다.

우유부단은 완벽주의에 근거합니다. 완벽에 대한 집착 때문에 불안해지고, 쉽게 결정하지 못하는 거죠. 그리고 지나치게 다른 사람 의견에 예민하게 반응합니다. 혼자서는 쉽게 결정할 수 없을 뿐 아니라 어렵게 결정해도 계속 아쉬움이 남아 내 선택에 만족하지 못합니다.

강박적 느림(obsessional slowing)이라는 증상이 있습니다. 완벽에 대한 집착 때문에 사고와 행동이 병적으로 느려지는 걸 말합니다. 예컨대 책 한 장 넘기는 데 30분도 더 걸립니다. 혹시 빼놓고 안 읽은 부분이 없나 하는 불안한 마음에 수없이 같은 페이지를 읽는 겁니다. 우유부단도 일종의 강박적 느림이지요.

직감이 건네는 말에 귀 기울이기

우유부단은 사실 누구에게나 찾아올 수 있습니다. 과감한 결정으로 회사를 키운, 경험 많은 CEO가 어느 날 갑자기 아무 결정도 못 내리겠다며 병원을 찾기도 합니다.

입스 증후군(Yips syndrome)을 들어본 적이 있나요? 프로 골퍼가 퍼트나 드라이버 샷을 할 때 실패에 대한 두려움 탓에 스윙을 못하고 주저하는 현상을 말합니다. 이 분에게는 경영 입스(Executive Yips)가 찾아온 겁니다. 실력 문제가 아닙니다. 대부분 자기가 우승했던 코스에서 입스가 찾아오니까요.

CEO의 경우에도 회사 규모가 작을 때는 과감하게 결정했지만 회사가 성장해서 결정에 따른 위험도가 커지니 불안해진 겁니다. 완벽한 결정을 해야 한다는 생각에 자료에만 지나치게 의존하다 보니 직감에 따른 결정을 점점 더 못해 우유부단이 심화됩니다.

빠른 결정을 하려면 직감을 유지하는 게 중요합니다. 직감은 영어로 'gut instinct'라 합니다. gut은 내장이라는 뜻이니 직역하면 '내장의 직관' 정도가 되겠네요. 그만큼 본능적인 촉이라는 겁니다. 과학적으로 직감은 내장이 아니라 뇌가 만듭니다.

직감을 대하는 태도는 사람마다 다릅니다. 많이 활용하는 사람이 있는가 하면 직감이 논리적이고 이성적인 판단을 흐리게 한다는 생각에 일부러 배제하려고 노력하는 사람도 있습니다. 영화에서는 논리적 분석을 통해 의사결정을 한 캐릭터가 직감적으로 결정한 사람에게 종종 패하죠. 대기업 창업자의 의사결정을 봐도 참모들의 반대를 무릅쓰고 직관에 의지해 새 사업에 뛰어들어 성공하는 것을 어렵지 않게 볼 수 있습니다.

사실 느낌은 생각의 2차적 산물이기도 합니다. 마감 시간이 다가올 때 쫓기는 기분이 드는 것, 두툼한 상여금 봉투를 생각하면 기분이 좋아지는 것처럼요. 그런데 느낌은 의식 못하는 상황에서 찾아오기도 합니다. 직감처럼 말이죠. 직감은 엉뚱한 데서 툭 떨어지는 게 아니라 우리 뇌 안의 정서 신경망이 만들어내는 하나의 반응입니다.

우리 뇌는 새로운 사건과 선택, 그리고 사람을 만났을 때 받은 강한 느낌을 경험과 함께 기억 저장 장치에 담아 둡니다. 그 데이터베이스가 쌓이면 이성적 분석을 하기 전에 반응이 먼저 튀어나옵니다. '왠지 저 사람이랑은 일하면 안 될 것 같아' 이런 식으로요. 여러 사람과 만났던 경험과 느낌이 결합해 직감을 만드는 것입니다.

결국 직감은 논리적 분석을 우회해 일어나는 빠른 결정 과정이라 할 수 있습니다. 시간을 두고 천천히 결정할 수 있는 문제도 있지만 때론 직감적으로 빨리 결정하지 않으면 생존을 위협하는 경우도 있죠. 이런 이유로 직감적 결정 시스템이 발달하는 겁니다.

현대사회는 직감보다는 객관적인 데이터에 더 의존하는 경향이 있습니다. 직관만 믿다간 낭패를 볼 수도 있으니까요. 그러나 최신 뇌과학은 직관이 매우 가치 있는 정보라고 알려줍니다. 결혼을 앞두고 있는데 계속 '이 사람과 결혼해도 될까' 싶으면 그 직감을 무시해서는 안 됩니다. 직감을 무작정 따를 필요는 없지만 왜 그런 느낌이 드는지 찬찬히 내 마음을 살펴볼 필요가 있지요.

선택에 대한 두려움을 없애는 방법

사연으로 다시 돌아와 우유부단한 사람이 할 수 있는 마음 트레이닝 방법을 알려드리겠습니다.

우선 과도하게 활성화돼 있는 불안-스트레스 시스템을 이완시켜 스트레스를 푸는 겁니다. 이완은 아무것도 안 하는 게 아니라 적극적으로 나를 사랑하는 활동입니다. 좋은 사람과 만나 속이야기를 하고 위로받는 것, 조용히 사색하고 걸으며 자연과 호흡하는 것, 문화를 즐기는 것이 좋은 예입니다. 그렇게 내 삶을 조명해 보세요. 마음이 이완돼 불안이 줄면 우유부단함이 자연스럽게 줄어드는 걸 경험할 겁니다.

그리고 아주 중요한 사안이 아니라면 평소 과감하게 결단하는 훈련도 필요합니다. 짜장면이냐 짬뽕이냐처럼 무엇을 선택하든 기회비용이 비슷한데도 고민을 계속하는 건 비효율적입니다. 일상에서 이런 일에는 신속하게 결정하는 훈련을 계속해 보세요.

물론 배우자 선택 같은 인생의 중요한 결정은 다릅니다. 내 마음에 만족 신호가 올 때까지 '빨리 결정하라'는 안팎의 요구를 견디는 배짱이 필요합니다. 우유부단한 사람이 갑작스럽게 중요한 결정을 빨리 내리는 것도 사실 불안행동이거든요.

같은 실수를 반복하는
제가 한심해요

머리의 변화를 넘어 마음이 변해야
실수가 고쳐집니다.

#행동변화까지_가려면_더_많이_실수해야 #행복일기_쓰기
#깨달음은_논리가_아닌_감성에서_일어난다 #너무_많이_반성하지_맙시다

30대 초반의 직장인 남성입니다. 올해부터 일기 쓰기를 시작했습니다. 최근 주변 사람들과 갈등이 있어서 힘든 시간을 보냈는데 그런 내용을 일기에 쓰다 보니 그런 와중에도 배운 게 있고 감사할 일이 있다는 걸 깨닫게 됐죠. 그러다 문득 그 내용이 지난 3월에 쓴 일기와 똑같다는 걸 발견했습니다. 그때도 똑같은 문제로 힘들어했고, 성숙해져야겠다고 썼더군요. 순간 제가 제자리걸음을 하고 있다는 생각이 들었습니다. 어떤 실수로 큰 깨달음을 얻었는데도 다시 똑같은 실수를 저지르는 이유는 무엇일까요?

영어로 인사이트(insight), 통찰력이란 단어를 정신의학에서는 본인이 자신의 문제를 인지하는 정도를 나타낼 때 사용합니다. 통찰은 크게 2단계로 나누는데 지적 통찰(intellectual insight)과 감성적 통찰(emotional insight)이 있습니다. 지적 통찰은 머리로 자신의 문제를 이해하는 단계입니다. 감성적 통찰이란 이성적인 이해를 넘어 마음 깊숙한 곳까지 자신의 문제를 받아들이는 것을 이야기합니다.

이렇게 통찰을 2단계로 나눈다는 것 자체가 머리가 아는 것만으로는 행동변화가 완벽하게 일어나지 않는다는 의미겠지요.

감정이 생각에 영향을 주고, 생각이 행동을 만듭니다. 그래서 생각의 변화만으로는 완벽한 행동변화가 일어나지 않습니다. 수차례 시행착오를 통해 마음까지 변해야 완벽한 행동변화 회로가 완성됩니다. 그러니 노력하는데도 실수가 반복된다고 해서 자신을 너무 탓할 필요가 없습니다. 오히려 거듭 같은 실수를 하고 자꾸 반성하는 걸 당연하다 여기는 여유가 필요하죠.

'워크 스루(work through)'라는 심리치료 용어가 있는데 지적 통찰에서 감성적 통찰로 나아가는 노력과 과정을 이야기할 때 사용합니다. 사전적 의미는 '(바늘 등을) 꿰다, (법률 등을) 통과시키다'란 뜻입니다. '구슬도 꿰어야 보배'라는 말이 있죠. 한 번의 깨달음만으로 보배가 되지 않습니다. 여러 번의 깨달음을 잘 꿰어야 감성적 통찰이란 보배가 될 수 있죠.

법률도 만든다고 곧장 효력이 생기는 게 아니지요? 법안이 여러

절차를 겪어야 법률로 문서화되고 살아 움직이는 것이나 마찬가지입니다.

깨달음은 감성에서 일어난다

나의 소중한 경험이 상대방에게 잘 전달되지 않는다는 느낌이 들 때가 있지요? 깊은 깨달음은 지적인 수준을 넘어서 감성적인 수준에서 일어납니다. 그래서 내 깨달음을 아무리 논리적 언어로 잘 풀어 타인에게 전달해도 그 감성적 통찰을 공유하기가 어려운 것이죠.

예를 들어 보겠습니다. 젊음을 바쳐 탄탄한 사업체를 일군 사람이 있다 치지요. 그런 성취를 이뤘으니 행복하기만 할까요? 그렇지 않은 경우가 많습니다. 성공한 한 지인은 "그래 봤자 죽는 건 똑같지 않냐. 허무하다"라고 이야기하더군요. 성공 후에 오히려 '왜 사는가'라는 철학적 고민이 밀려오고 아무리 노력해 봤자 극복할 수 없는 죽음 앞에 무력해진다고 했습니다.

팔자 좋은 소리라고 생각할 수도 있을 겁니다. 하지만 여러분도 내가 원하는 것을 이루었을 때 슬며시 허무가 찾아오는 경험을 한 번쯤 해보지 않았나요? 성취라는 것은 신기하게도 철학적 감성을 깨웁니다. 앞면이 성공이라는 동전이라도, 뒷면에는 죽음이란 어두운 명제가 붙어 있는 듯합니다.

그 지인은 음악을 듣다가 죽음이라는 공허를 극복할 해법을 찾았다고 하더군요. 해법을 준 노래의 가사는 이렇습니다.

"남몰래 흘리는 눈물이 그녀의 눈에 깃들었다 / 그녀는 깊은 생각에 잠기는 것 같다 / 이제 무엇을 더 바라랴 / 그녀는 나를 사랑하고 있다 / 그녀도 내 사랑을 깨달았다 / 내 한숨이 그녀의 한숨과 잠시 하나가 되었다 / 하느님, 그게 사실이라면 나는 기쁨에 넘쳐 죽어도 좋습니다 / 더는 아무것도 바라지 않습니다"

오페라 〈사랑의 묘약〉에서 남자 주인공이 여자 주인공의 사랑을 확인하며 부르는 아리아, 〈남몰래 흘리는 눈물〉의 가사입니다. 유명한 테너 파바로티가 부른 이 아리아는 한 번 들어 보면 '아, 이 노래!' 하실 겁니다.

남자 주인공이 사랑이야말로 죽음을 극복할 수 있는 해법이라는 걸 깨닫고, 죽음이라는 허무에서 조금은 자유로워진 심정을 노래하지 않았나 싶습니다. 지인이 음악을 통해 허무함을 극복한 것처럼 말이죠. 이성적인 방법으로는 쉽지 않았을 겁니다. 깨달음이란 감성적인 수준에서 일어나는 거니까요.

그런 의미에서 실수를 반복하지 않겠다고 반성문 형태의 일기를 쓰는 것이 삶에 오히려 부정적 영향을 주지 않나 싶네요.

자신감을 되찾는 '5분 행복일기'

여러분도 혹시 일기를 쓰나요? 그렇다면 어떤 내용을 일기에 쓰나요? 일기는 반성문처럼 될 때가 많죠. 물론 이 또한 필요합니다. 시행착오를 돌아보는 건 보다 긍정적인 방향으로 행동을 변화시킬 수 있는 방법이니까요. 그러나 일기로 자신을 탓하기만 하면 오히려 자아효능감이 떨어지고 우울해지기도 쉽습니다. 저는 반성문 형태의 일기보다 행복일기를 권해 드리고 싶습니다.

일주일에 한 번 행복일기를 써 보는 건 어떨까요? 고리타분하고 유치해 보이려나요? 그런데 이 단순한 작업이 미래를 재조명하는 자료가 되고 행복을 증대시킨다고 합니다. 일상을 적는 것, 사소한 일 같지만 내 미래를 풍성하게 만들어 줍니다. 사람은 자신의 삶을 다 기억하지 못하죠. 그래서 오늘을 적어 놓는 것은 나중에 내 삶을 재조명할 기회를 제공합니다.

쓰는 법은 매우 단순합니다. 일주일에 한 번, 예를 들면 주말에 5분 정도 시간을 내서 일주일을 돌아보고 행복하고 감사했던 순간을 세 가지만 적는 겁니다. "운전면허를 취득했다" "고등학교 때 친구를 10년 만에 만났다" 이런 식으로 말이죠. 일기를 꾸준히 쓰는 사람이 그렇지 않은 사람에 비해 행복감이 커지고 스트레스에 대한 저항력이 향상된다는 연구도 있습니다.

하루 5분 행복일기 쓰기. 현재의 행복감을 증폭시키고 나중에 내 삶의 가치를 재발견할 수 있는 타임캡슐을 만드는 일입니다.

쇼핑으로도
채워지지 않는 내 마음

> 지름신은 외로움을
> 채워 주지 않는답니다.

#쇼핑중독 #욕망은_제거할_수_없다 #다만_절제할_뿐
#단번에_끊겠다는_생각이_바로_중독 #자아효능감_쌓기

사업을 하는 45세 여성입니다. 모임이 많아도 항상 허전함과 외로움을 느낍니다. 언제부터인가 이 허전함을 쇼핑으로 채우고 있습니다. 옷이나 구두 등을 사며 스스로를 꾸미는 게 삶의 낙이죠. 처음에는 뭔가 사고 나면 그 물건에 질리기 전까지 한 달쯤 행복했습니다. 그런데 점점 쇼핑 금액은 불어나고 만족을 느끼는 시간은 짧아지고 있습니다. 더 비싸고 화려한 물건을 사도 만족 감은 한 시간도 채 가지 않네요. 때로는 산 지 불과 몇 분 만에 후회가 밀려오기도 합니다. 다음엔 충동구매를 하지 않겠다고 다짐하지만 이러기를 반복하고요. 이게 쇼핑중독이 아닌가 싶어 걱정입니다.

쇼핑중독이 걱정이시라고요? 이 경우엔 외로움이 쇼핑중독으로 발전한 겁니다. 그러므로 외로움이 아닌 쇼핑에 초점을 맞추면 문제를 해결할 수 없습니다.

비싼 물건을 사는 심리에는 그 물건이 내 가치를 올려준다는 상승의 쾌감이 있습니다. 이른바 명품이라고 불리는 물건 자체는 죄가 없죠. 명품은 그냥 물건일 뿐이니까요. 또한 아름다운 물건에 대한 관심과 소유욕 역시 미학적 욕구와 관련된 소중한 감정입니다. 그러나 아름다움을 건강하게 즐기는 것과 중독은 엄연히 다르지요.

중독됐다는 건 내성과 금단현상이 생겼다는 말입니다. 내성이 생기면 같은 효과를 위해 점점 더 큰 자극이 필요해집니다. 사연 주신 분이 더 비싼 물건을 사도 만족감을 느끼는 시간은 줄어드는 것처럼 말입니다. 그리고 금단이란 다시는 하지 말아야겠다고 다짐하면서도 결국 같은 행동을 반복하는 현상을 이야기합니다. 끊으려고 하나 끊지 못하는 악순환의 고리가 금단입니다.

욕망을 찍어 누르려 하면

중독은 본능적 욕구와 관련돼 있습니다. 예컨대 생존과 관련된 욕구인 먹는 것과 마시는 것은 음식 중독이나 알코올 중독으로 이어질 수 있죠. 다음 세대를 잇기 위한 생존본능인 성적 욕구가 잘 조절되지 않으면 섹스 중독에 이를 수도 있고요. 이런 욕구들엔 외로움이 섞여 있습니다. 외롭기 때문에 더 먹고 더 마시고 더 사랑을 나누고픈 겁니다.

성적 충동을 비롯해 중요한 생존본능은 모두 쾌락 시스템과 단단히 연결돼 있습니다. 쾌락이 있으니 그 행동에 더 집착하는 거죠. 성적 충동은 가족을 만드는 근원적인 힘이지만 적절히 통제되지 않으면 나는 물론 남의 가족마저 파괴할 수 있습니다.

먹는 충동도 마찬가지입니다. 음식을 먹을 때 미각신경을 통해 들어오는 신호가 쾌락 시스템을 활성화해 행복감을 느끼게 하는데요. 스트레스를 먹는 것으로 풀기 시작하면 비만과 대사성 문제가 생겨 몸이 망가집니다.

쾌락을 주는 생존본능을 죄악시하거나 도덕적으로 옳지 않다는 식으로 바라보는, 다시 말해 본능을 통제하라는 메시지가 우리 뇌 안에 심겨 있습니다. 하지만 사실 성적 본능 자체는 선악의 문제가 아닙니다. 본능을 관리하려는 전략으로 본능을 찍어 누르고 억제하는 것뿐이죠. 그런데 과연 이게 최선의 방법일까요?

도덕이나 법률 같은 사회 시스템을 동원해 쾌락을 강력하게 통제한 건 인류 역사상 그리 오래된 일은 아닙니다. 시스템으로 개인적 욕구를 통제하니 효율적이기는 하지만 쾌락 자체를 부정적으로 여기게 해 오히려 일탈이라는 합병증을 일으킬 가능성도 생겼지요.

개인적인 차원에선 본능을 통제하기보단 절제하는 게 적절한 관리 전략일 겁니다. 한 그리스 철학자는 이렇게 이야기했죠.

"절제는 욕망의 제거가 아니라 그것의 지배다. 절제력이 있는 사람은 더 이상 욕망이 없는 사람이 아니다. 절도 있게 욕망하는 사람, 그래야 하는 것 이상으로 욕망하지 않고 그리 하지 말아야 할 때는 욕망하지 않는 사람이다."

통제보다 절제하기

통제와 절제는 비슷해 보이지만 매우 다릅니다. 통제는 하지 말라는 일방적인 압박입니다. 내가 주인이 아닌 규제의 대상이 되는 거죠. 반면에 절제는 내가 주체입니다. 스스로 훈련을 통해 본능을 조절하는 것입니다.

절제를 통한 심리적 이득은 무엇일까요? 우선 내가 본능의 주체로서 스스로를 조절할 수 있다는 자아효능감을 상승시킵니다. 스스로를 잘 지배하고 있다는 느낌은 상당한 쾌감을 주지요. 통제는 본능의 쾌감을 억누르지만 적절한 절제는 오히려 쾌감을 강화합니다. 절제야말로 쾌락의 적극적인 활용법인 셈입니다.

그렇다면 통제하지 않고 무절제하게 본능대로 행동하면 어떻게 될까요? 이로써 내성이라는 중독 증상이 생깁니다. 더 강한 자극 없이는 쾌감을 얻지 못하는 거죠. 절제는 이와 반대입니다. 작은 쾌락에 더 강렬하게 반응합니다. 먹고 싶은 음식을 하루 참았다 먹으면 더 달콤하게 느껴지는 것처럼 말입니다.

자아효능감이 높은 사람은 치매에 덜 걸린다는 연구 결과도 있습니다. 수술이나 약물치료 등 의학이 발달해도 아직 못 고치는 병이 수없이 많지요. 그러므로 예방이 최고의 치료인 셈입니다. 자아효능감이 높은 사람이라면 절제를 통해 식이조절, 운동 등 건강을 위한 행동을 해왔을 테고 이게 치매 예방에 긍정적인 요소로 작용할 겁니다.

쇼핑중독을 비롯해 알코올 중독, 니코틴 중독, 섹스 중독 등 모든 중독은 본능적 쾌감과 연결돼 있습니다. 쾌감 자체가 문제는 아니지만 절제하지 못하면 도덕적·법률적 문제를 넘어 내 몸과 마음까지 해칩니다. 만약 이미 뭔가에 중독됐다면 이를 통제하려고만 해서는 안 됩니다. 본능은 워낙 강하기 때문에 더 깊은 늪에 빠지기 쉽습니다. 본능을 이겨내지 못한 스스로를 자책하면 자아효능감은 더 낮아지고요.

자아효능감을 키우기 위해서도 통제가 아닌 절제 전략을 활용해야 합니다. 나빠서 끊는 게 아니라 절제 자체를 삶의 의미와 목적으로 삼는 겁니다. 절제할 수 있는 능력은 타고나는 게 아니라 훈련으로 얻어집니다. 단 번에 끊겠다는 생각 자체가 중독 증상입니다.

쇼핑중독이던 어느 여자분은 옷 만드는 취미를 가지면서 중독에서 벗어났습니다. 충동구매의 쾌락을 아름다운 디자인을 하는 쾌감으로 대체한 것이죠. 재미있는 사실은 그렇게 되고 나니 가끔 하는 쇼핑이 더 즐거워졌다는 겁니다. 과소비는 당연히 사라졌고요. 작은 성공이란 이렇듯 매우 중요합니다.

주말이면
꼼짝도 하기 싫어요

> 당신에게 필요한 건
> '휴가'가 아닌 '관계'!

#심리적_회피_반응 #회피는_가짜_자유
#진정한_휴식은_타자와의_관계에서부터 #타자는_자연이어도_문화여도_좋다

외국계 기업에서 홍보 일을 하는 30대 중반 여성입니다. 전 요즘 '시체놀이'에 빠져 있습니다. 주중에 열심히 일하고 나면 주말엔 꼼짝도 하기 싫어 집에서 시체처럼 누워만 있습니다. 밖에 나가 몸을 움직이면 기분이 좋아진다는 걸 알지만 주말엔 귀차니스트가 되고 맙니다. 당연히 꾸미지도 않지요. 그런데 마음은 계속 '어디론가 멀리 떠나라'고 외칩니다. 삶을 즐기라고요. 몸과 마음이 왜 이렇게 따로 노는지…….

어떻게 맘을 먹어야 주말을 알차게 보낼 수 있을까요?

『호타루의 빛』이라는 일본만화에 사연과 비슷한 주인공이 있지요. 직장에서는 매우 세련되게 차려입고 어려운 일을 척척 해내는 능력 있는 사람인데 일만 끝나면 데이트는커녕 '추리닝' 바람으로 집에서 맥주만 마시지요. 평소 인간관계에 지치다 보니 주말에는 가급적 사람을 멀리하고 휴식을 찾는 현대인의 모습이 담겨 있습니다. 이것이 심리적 회피 반응입니다.

많은 기업이 최근 직원의 스트레스 관리를 어떻게 할지에 관심을 기울이고 있습니다. 스트레스가 쌓이면 의욕 저하는 물론 불면과 불안 등 다양한 부작용이 발생하는데, 이렇게 되면 아무래도 업무 집중도나 성취 동기가 약해져 업무 효율이 떨어지니까요. 그래서 일부 기업은 정신의학자를 동원해 직원들의 스트레스 관리를 하기도 합니다.

스트레스로 인해 각종 부작용을 겪는 직원의 증상이 호전되면 업무 집중도가 다시 증가할까요? 당연히 그럴 거라고 기대합니다. 그런데 막상 현장에서 보면 증세가 호전되어도 회사 업무에 몰입하지 못하고 방관자처럼 행동하는 경우가 많습니다. 심리적 회피 반응 때문입니다.

고통과 통증을 피하려는 건 정상적인 반응입니다. 마음을 피곤하게 하는 걸 아예 안 보고 피해 버리면 삶의 충전에도 도움이 되지요. 그런데 이건 짧은 기간에 그칠 때 얘기입니다. 회피가 장기화되면 문제가 달라집니다. 삶의 즐거움과 고통은 동전 앞뒤 면처럼 함께하기 때문입니다.

멀리 떠나면 나아질까요?

인생의 큰 주제는 일과 사랑이죠. 드라마에서 스스로 최고의 남자라 생각하는 사람이 자신의 모든 걸 걸고 사랑한 여인에게 배신당한 후 결심합니다. 다시는 사랑을 하지 않겠다고요. 사랑하지 않으면 그로 인한 고통도 없겠죠. 하지만 사랑으로 느낄 수 있는 삶의 행복감도 날아가 버립니다.

일도 마찬가지입니다. 업무 스트레스에 과도하게 짓눌려 대충 일하면 일이 주는 성취감도 사라집니다. 그냥 도망치는 게 해결책은 아니라는 말입니다.

만약 심리적 회피 반응이 일어나고 있다면 그건 뇌가 지쳤다는 신호입니다. 지친 뇌를 보듬어 줄 감성 에너지를 재충전해야 한다고 우리 몸이 메시지를 보낸 거죠. 회피는 증상이지 해결책이 아닙니다.

"다 때려치우고 어디론가 멀리 떠나고 싶다"라고 하는 직장인을 자주 봅니다. 남들이 부러워하는 직장을 다니면서 그런 말을 하고 있는 걸 보면 안타깝습니다. 오죽 힘들었으면 그럴까요. 멀리 떠나서 해결할 수 있는 문제라면 한 1년이라도 휴직할 수 있게 진단서를 써 주고 싶습니다. 하지만 그런다 해도 원하는 일은 일어나지 않습니다. 가고 싶은 데가 멀수록 마음은 더 지친 겁니다. 대전보다 부산, 미국보다 아프리카 오지에 숨고 싶을 때 내 마음은 그만큼 더 지쳐 있다는 뜻이지요.

스트레스 증세로 상담받던 50대 남성이 아내와 여행을 떠나겠다더군요. 일만 하다 보니 아내와 소원해졌는데 관계도 회복할 겸 유럽여행을 다녀온다는 겁니다. 너무 지쳐 있을 때는 주변을 돌아볼 에너지가 없다가 에너지를 회복하니 비로소 아내가 보인 거죠. 그러나 서글프게도 사이좋은 부부도 멀리 여행을 떠났다가 대판 싸우고 오기 일쑤입니다. 긴 비행 시간, 이질적인 문화가 뇌를 더 피곤하게 하거든요. 마음이 날카로워져 쉽게 부부싸움으로 이어지는 겁니다.

처음엔 분위기가 좋게 흘러도 여행 사흘째에 접어들면 아내는 남편 때문에 섭섭했던 과거 사건을 꺼내기 시작합니다. 남편이 자신을 좀 더 깊이 이해해 주길 바라는 마음이겠지요. 그러나 남편 입장에선 기껏 여행을 왔는데 아내가 기억도 안 나는 옛날이야기를 끄집어내 바가지를 긁으니 돌아 버릴 지경이 됩니다. 화해를 위한 여행이 싸움터로 바뀌는 거죠.

진정한 휴가는 사람으로부터

진짜 휴식은 사실 타자(他者)와의 관계에서 이뤄집니다. 자유는 타자와의 결별이 아니라 타자와의 관계 안에서 내가 의미 있는 존재라고 느껴질 때 찾아옵니다. 사람에게 지쳤다고 사람을 피하면 순간 자유로워진 것 같을 거예요. 그러나 곧 상실감의 덫에 걸려 자유는 사라져 버립니다.

사람이 자유를 생명처럼 소중히 여기는 것은 어떤 제한도 없이

사랑을 주고받으며 자신의 가치를 느끼기 위해서입니다. 그런데 현대인은 스스로의 가치를 높여 더 사랑받는 존재가 되려고 치열하게 경쟁하다 너무 지쳐 버려 회피라는 가짜 자유를 찾습니다.

감성 에너지 충전은 나를 소중하게 여겨 주는 타자의 따뜻한 반응에서 시작합니다. 여기서 타자가 꼭 사람이어야 하는 건 아닙니다. 자연일 수도 있고 때론 문화일 수도 있습니다.

정신없이 바쁜 하루를 보내셨나요? 친구를 만나 기분전환할 시간도 없다면 잠시 서점에 들러 시집 한 권 읽어 보세요. 다 읽을 필요도 없습니다. 서점에 가는 발걸음, 그리고 시 한 편만으로도 우리 뇌를 충전할 수 있습니다. 이성에 희생당했던 감성을 위해 주는 순간이니까요.

어디론가 멀리 떠나고 싶다고요? 그렇다면 해외여행까지는 아니어도 주말에 잠시 기차에 몸을 맡기면 어떨까요. 휴대전화는 집에 두고 아무 생각 없이 멍하게 창밖을 바라봅시다. 마치 명상 후에 느껴지는 자유를 맛볼 수 있을 겁니다. 이렇게 휴가는 몰아서 가는 것보다 하루 10분, 일주일에 한 시간, 한 달에 하루라도 나만을 위해 떠나는 게 중요합니다.

유쾌한 친구와 저녁식사는 어떨까요? 고민을 얘기하면 "거봐, 내가 그러지 말랬지"라고 하는 친구보다는 "잘했어, 좋은 경험이야. 넌 언제나 멋져"라고 해주는 친구가 있다면 더 좋겠지요.

폭음이
습관이 되었습니다

삶의 30퍼센트는
날라리로 살아 보세요.

#성공_뒤에_삶의_결핍 #내성이_생기지_않는_대체재를_찾아라 #날라리로_살아_보기
#딱_30퍼센트_정도만 #해야_하는_일이_아니라_하고_싶은_일

자수성가한 47세 사업가입니다. 제 고민은 폭음입니다. 음주로 간에
문제가 생겨 입원한 적이 있는데도 술을 끊는 게 쉽지 않습니다. 끊어야지 하다
가도 거래처 접대 때문에 술자리를 가지면 그다음부터 또 폭음을 하게 됩니다.
적당히 먹는 게 아니라 몇 주씩이나 하루 종일 집에 틀어박혀 마실 정도입니다.
주변에선 스트레스 탓일 거라며 "술 말고 다른 방식으로 스트레스를 풀어 보라"
라고 합니다. 하지만 전 여전히 술을 마십니다.

대체 어떻게 술을 끊어야 할까요?

여러 계층의 성공한 분들이 병원에 많이 찾아옵니다. 현재 삶에 뭔가 부족하거나 결핍이 있어 스트레스를 받고, 그에 따른 심리적 증상을 겪는다면 누구나 고개를 끄덕이겠죠. 하지만 이렇게 성공한 분의 심리적 고통은 결핍 이론만으로는 설명하기 어렵습니다.

더 큰 문제는 성공한 사람이 이런 고통을 털어놓아도 주변 사람에게 공감을 받기 어렵다는 겁니다. 심지어 잘난 척하냐는 저항을 불러오기도 합니다. 그럴수록 통증의 밀도는 농축되지요.

이 남성의 사연을 읽고 어떤 느낌이 들었나요? '비싼 술을 맘껏 마신다고 자랑하나' 하는 생각이 들진 않았나요? 성공한 사람은 이렇게 다른 사람에게서 공감받을 기회가 적은지도 모르겠습니다.

사연 주신 분은 생존을 위해 폭주하다 보니 생존 시스템이 과열돼 불안에 더 민감하게 반응하게 된 것 같습니다. 싫은 걸 억지로 하는 감성노동이 한계를 넘어선 거죠. 그래서 술 접대가 힘들고, 폭주로 이어지는 겁니다. 술로 몸 안의 쾌락 시스템을 자극해 진통제를 뿜게 하는 셈이지요.

마음의 불안과 피로를 달래기 위해 술을 마시는 거라서 술과 싸워서는 술을 줄일 수 없습니다. 굳은 의지로 술을 마시고 싶은 마음을 억누른다고 될 일이 아니라, 마음을 치유할 수 있는 다른 대체재를 찾아야 한다는 얘기입니다.

의지가 아무리 강해도 감성을 이길 수는 없습니다. 아마 몇 달 정도는 의지로 금주한다 해도 또 어떤 자극이 와서 괴로움과 불안이 엄습하면 결국 술병에 다시 손이 갈 수밖에 없습니다. 스스로 자책하고 주변에서 아무리 잔소리를 해 봐야 술을 끊기 어렵습니다. 오히려 이런 상황이 더 큰 스트레스가 되어 폭음이 심해지겠지요.

스트레스 클리닉을 찾은 성공한 시니어들에게 스트레스를 어떻게 푸는지 물으면 대부분 답을 못합니다. 기껏 나온다는 답이 "술로 푼다"인 경우도 적지 않습니다. 술은 즉각적으로 우리 몸의 쾌락 시스템을 자극해 보상을 해줍니다. 쾌락 시스템은 단기적 보상에는 강하나 장기적으로는 뇌를 더 지치게 해 결국 허무감을 증폭시킵니다. 자극이 강렬할수록 점점 내성도 강해지기 때문에 나중엔 공허함이 쓰나미처럼 찾아옵니다.

가끔은 날라리로 살아 보세요

열심히 살다 보면 성공 여부와 상관없이 감성 스트레스가 쌓입니다. 이 감성 스트레스를 잘 보듬어 주지 않으면 마음이 불편해지지요. 성공해도 그걸 즐길 마음의 여유가 생기지 않고요.

감성 스트레스를 푸는 방법엔 빠른 자극과 느린 자극이 있습니다. 술과 마약 같은 게 빠른 자극이죠. 앞서 얘기한 것처럼 강렬하나 내성이 있어 나중에 더 큰 허무함을 가져오거나 점점 더 큰 자극이 필요해집니다. 반면 느린 자극, 즉 자연과 사람을 감성적으로 즐기는 여유는 내성이 생기지 않습니다. 오히려 마음의 불안을 가라앉혀 평안을 주지요.

문제는 너무 바쁘게 살다 보니 느린 자극을 즐길 마음의 여유가 없다는 겁니다. 커피 한잔 마시며 독서를 하는 식으로 피로를 풀 수 있다면 좋을 텐데, 빠른 자극에 중독된 뇌는 이런 낭만을 허락하지 않습니다. 저 자신도 술 한잔으로 하루 피로를 풀 때가 많으니까요. 술 판매량은 느는데 서점가는 울상인 것도 다 이런 이유겠지요.

느린 행복감은 마음이 원하는 가치를 행동으로 옮길 때 얻을 수 있습니다. 스트레스 관리에 관한 강연을 할 때 종종 "날라리로 사세요"라고 얘기하면, 다들 좋아합니다. 긴장의 이완이 일어나서겠죠. 그런데 어떤 분은 발끈해서 묻습니다. "그럼 막 살란 말입니까?"라면서요. 물론 그래서는 안 되죠. "날라리로 살라"라는 조언은 삶의 30퍼센트 정도는 감성의 가치를 소중히 여기며 살아가자는 뜻입니다.

열심히 산다는 것, 성공했다는 것, 모두 모범생이란 증거입니다. 모범생은 하고 싶은 것보다 해야 할 일을 합니다. 그것도 소중한 가치입니다. 사람이 하고 싶은 대로만 하고 살면 사회는 유지되지 않겠죠. 그러나 순도 100퍼센트의 모범생 라이프스타일은 감성을 질식시킵니다. 모든 모범적인 삶은 감성노동을 동반하거든요. 이를 약간 풀어 줄 필요가 있습니다. 그래서 딱 30퍼센트만 날라리로 사시라는 겁니다.

내가 날라리인지, 모범생인지 어떻게 알 수 있을까요? 간단한 테스트가 있습니다. 아침에 일어나 종이와 펜을 들고 왼쪽에는 오늘 꼭 해야 할 일을 적고 오른쪽에는 오늘을 인생의 마지막 날이라 치고 꼭 하고 싶은 일을 적어 보는 겁니다. 인생에 죽음이라는 함수 값을 넣으면 감성이 간절히 원하는 내용이 떠오릅니다. 그게 바로 내 감성이 하고 싶은 일이라는 얘기입니다. 두 내용의 간극이 클수록 모범생으로 살고 있다는 뜻이고요.

혹시 오늘 한참 못 만난 오랜 친구와 술을 한잔하고 싶은 기분이라면 죄책감은 접어 두고 회식은 빠져 보세요. 세상이 두 쪽 날 것 같지만 태양은 어김없이 뜨고 지구는 잘만 돌아갑니다.

물론 감성이 원하는 대로 다 하다가 인생 종치는 것 아닌가 하는 불안감이 엄습할 수도 있습니다. 그래도 두려워할 필요 없습니다. 원하는 대로 다 할 필요도 없습니다. 가끔씩 감성이 하고 싶은 일을 종이에 적는 것만으로도 감성은 뿌듯해하니까요.

오늘이 인생의 마지막 날이라면 무엇을 하고 싶은지 물으면 남자, 특히 일에 바빠 젊은 시절 아내에게 소홀했던 남편일수록 아내와 하루를 보내고 싶다고 합니다. 여성에게 같은 질문을 하면 어떤 답이 나올까요? 바쁜 남편을 둔 아내일수록 "조용히 혼자 하루를 보내고 싶다"라고 합니다.

남성분들, 이런 비극을 막으려면 당장 오늘부터 30퍼센트쯤 날라리로 사세요. 그게 지혜로운 판단일 겁니다.

남편이 너무
돈을 펑펑 써요

> 돈을 잘 쓰는 데도
> 훈련이 필요합니다.

#돈_쓰는_습관은_태어나면서부터_정해져_있다 #그러나_훈련도_먹힌다는
#아예_못_쓰는_상황_만들기 #적정_예산_안에서_즐겁게_쓰기
#잘_따라_준_나를_칭찬해

저는 형편 어려운 집에서 자라며 고생을 많이 해서 안정적인 가정을 꾸리는 게 꿈이었습니다. 월급이 많지는 않지만 정년이 보장된 공기업에 다니는 것도 그런 이유입니다. 건축 사업을 하는 남편은 수입이 들쑥날쑥하긴 해도 또래 직장 다니는 친구보다는 훨씬 많습니다. 그런데 돈이 모이지 않네요. 물론 이유가 있죠. 외식을 해도, 해외여행을 가도, 남편은 항상 최고급만 고집합니다. 고맙기도 하지만 돈이 아깝기도 합니다.

결혼할 때는 알뜰한 시어머니를 보고 남편과 결혼해도 되겠다고 생각했습니다. 돈에 대한 습관은 부모로부터 배운다고 믿었으니까요. 실제로 막내 시동생

88

은 박봉인데도 벌써 집을 장만했습니다. 같은 어머니를 뒀는데 왜 이리 다른 걸까요?

현금 50만 원이 있습니다. 당장 그 돈을 가질 수도 있지만 1년을 참으면 100만 원을 받을 수 있습니다. 어떤 선택을 하겠습니까? 참았다가 100만 원을 받겠다고 생각한다면 돈을 모으는 스타일입니다. 반면 인생이 앞으로 어떻게 될지 모르니 일단 50만 원을 받아 챙기겠다고 생각한다면 돈을 쓰는 스타일일 가능성이 큽니다.

돈 쓰기를 즐기는 사람은 뭔가를 살 때 만족감을 느끼죠. 그래서 충동구매를 하기도 하고, 그러면서도 미래에 대해 크게 걱정하지 않습니다. 돈 모으기를 즐기는 사람은 은행 잔고가 늘 때 만족감을 느낍니다. 뭔가 사야 하면 기분이 나빠지고요.

이렇게 돈에 대해 각기 다른 심리 반응은 어떻게 만들어지는 걸까요? 많은 사람들이 가정교육이나 자라난 환경 때문이라 믿습니다. 다시 말해 어릴 때 어떻게 배웠는지가 중요하다는 거죠. 그러나 실제로는 꼭 그렇지도 않습니다.

얼마 전 알뜰하기로는 둘째가라면 서러울 짠순이 탤런트 한 분과 이야기할 기회가 있었는데요. 두 아들 중 큰아들은 수입이 좋은데도 씀씀이가 커 돈을 모으지 못하는 반면 박봉의 작은아들은 악착같이 모아서 집까지 장만했다는 겁니다. 오늘 사연과 판박이죠. 사실 아주 흔한 경우입니다.

환경의 영향이 아니라면 무엇이 돈에 대한 태도를 결정짓는 걸까요? 《소비자 연구 저널(_Journal of Consumer Research_)》에 발표된 내용에 따르면 뇌의 특징이 돈에 대한 태도에 상당한 영향을 끼친다는군요.

실험대상자에게 뭔가 사는 걸 상상하게 한 후 뇌 영상을 촬영했습니다. 그랬더니 돈 모으는 성향이 강한 사람은 섬엽이라는 뇌 영역이 활성화됐습니다. 섬엽은 불쾌한 경험을 할 때 활성화하는 영역입니다. 돈 모으는 사람은 돈을 쓸 때 불편해한다는 거죠. 다시 돈쓸 필요가 없는 상황을 만들어 주자 섬엽 활동이 둔화하면서 반작용으로 더 강력한 기쁨이 찾아왔다는군요.

소비에서 균형감각 깨우기

뇌의 특성에 따라 돈에 대한 심리반응은 다르지만 노력으로 얼마든지 균형감각을 찾을 수 있습니다. 돈 쓰기를 좋아한다는 건 미래보다 현재의 행복을 추구한다는 거죠. 하지만 그렇게만 살다가는 미래에 경제적 위기를 맞을 수 있습니다. 어느 정도의 참을성은 사회생활에 필요하기도 하고요.

1960년대에 미국에서 이뤄진 유명한 연구가 있습니다. 어린이집에서 아이들에게 마시멜로나 쿠키 같은 맛있는 간식을 보여준 후 하나를 선택하게 했습니다. 이때 먹는 걸 몇 분만 참으면 간식을 하나 더 먹게 했습니다. 참지 못하고 바로 먹어 버리면 보상은 없고요. 그 아이들이 성인이 되었을 때 추적해 보니 순간 만족을 뒤로 미루는 아이들, 즉 조금 기다렸다가 간식을 하나 더 가져간 아이들이 더 성공했다고 합니다.

소비 충동을 잠재울 수 있는 몇 가지 훈련 방법이 있습니다. 우선 현금이 아니라 신용을 담보로 사는 걸 자제해야 합니다. 소위 '현금 박치기'를 할 때 좀 더 신중하게 지출 여부를 판단하는데요. 그건 미래의 문제가 아닌 현재의 문제이기 때문이죠. 현금도 당장 뺄 수 없는 곳으로 옮겨 놓는 게 좋습니다.

뇌에 기반한 돈에 대한 심리반응은 매우 강력한 충동이기에 그 충동과 싸우기보다 충동이 아무리 솟구쳐도 어찌할 수 없는 환경을 만드는 게 낫습니다.

친구나 가족 등 가까운 사람에게 돈을 어떻게 절약할지 이야기하는 것도 도움이 됩니다. 구체적 금액과 날짜까지요. 절제만 하는 게 아니라 보상도 줘야 합니다. 돈 쓸 때 행복을 느끼는 뇌를 억누르기만 하면 더 큰 충동이 일어날 수도 있거든요. 목표한 저축액에 도달하면 다만 얼마라도 기분 좋게 쓰는 겁니다. 이것 역시 미리 적정비율을 정해서요. 노후자금이나 자녀 교육비, 결혼 비용 등을 미리 계획하는 것도 도움이 됩니다.

돈 모으는 데 집착하는 건 현재를 즐기기보다 미래를 대비하기 위한 것이죠. 그런데 우리가 사는 것은 미래가 아닌 현재입니다. 너무 미래만 걱정하며 살다 보면 나중에 후회하기 쉽습니다. 돈은 무엇을 할 수 있는 가치를 지녔을 뿐 그 자체가 행복을 주지는 않기 때문입니다. 그래서 너무 돈을 모으기만 하는 사람 역시 돈에 대한 심리적 균형감각이 필요합니다. 돈을 즐겁게 쓰는 훈련을 해야 한다는 거죠.

휴가처럼 즐거운 일에도 돈 걱정 때문에 기쁨을 느끼지 못한다면 짧은 인생을 돈과의 전투로 흘려보내는 것이나 마찬가지입니다. 적정 예산을 정하고 그 안에서 마음 편하게 쓸 줄도 알아야 합니다. 가까운 사람에게 사고 싶은 옷이나 여행 계획을 이야기해 보세요. 기왕 말까지 했으니 내키지 않아도 지갑을 열게 되겠죠. 그러고 나면 쾌감이 찾아옵니다.

'악착같이 모으기만 하면 뭐 하나' 하는 생각이 든다고요? 그럼 이제 내 감성에 보상해 줄 때입니다. 근검절약하며 희생했으니 이제 나에게 맛있는 것도 먹고 좋은 것도 보여주세요.

감사하다는 생각은 들지만
행복하지는 않아요

당신이 생각하는
'행복의 기준'은 무엇인가요?

#행복한_일이_있다고_꼭_행복한_건_아니다 #행복감이_없어도_꼭_불행한_건_아니다
#중요한_건_느낌이_아니라_가치 #느낌은_변덕스러우니까 #행복에_대한_강박_버리기

40대 초반 직장맘입니다. 직장에 다니면서 집안일을 하고 아이도 키우다 보니 몸도 마음도 힘들 때가 많습니다. 너무 힘들 땐 알 수 없는 억울한 마음이 생기고 때론 분노가 느껴지기도 합니다. 계속 이러면 안 될 것 같아 지난해부터 삶의 작은 부분에 감사하는 훈련을 했고 조금씩 감사한 마음도 생기고 있습니다. 그런데 감사함과 행복이 잘 연결되지 않아요.

감사하면 행복감이 찾아온다는데 저는 왜 이럴까요?

행복에 대한 기준이 중요합니다. 행복이란 뭘까요? 행복은 행복한 삶의 내용과 그것에 대한 주관적인 감정 반응으로 나누어집니다. '행복을 빈다'라고 할 때 행복은 삶의 내용을 말합니다. 그 말은 행복한 일이 많기를 바란다는 의미지요.

반면에 '행복에 젖다' '행복을 느낀다'라고 할 때 행복은 주관적인 감정 반응입니다. 행복한 삶의 내용 때문에 내 마음이 기쁨과 흐뭇함을 느끼는 것이죠. 보통 행복하다고 하면 느낌을 이야기할 때가 많습니다. 내 기분이 좋아서 행복하다고 느끼는 것이죠. 이 사연은 감사할 삶의 내용, 즉 행복의 내용은 있는데 그 내용이 행복감으로 연결되지 않아 고민이라는 이야기입니다.

보통 우리는 행복한 일이 있으면 느낌도 행복할 것으로 생각하죠. 그런데 사연에서 보듯이 꼭 그렇지도 않습니다. 저의 예를 들어 볼까요. 얼마 전 제가 칼럼을 써왔던 매체의 창간 기념일이었습니다. 시작부터 참여한 저에게도 뜻깊은 날이었지요.

매주 칼럼을 통해 애독자분들과 만나는 것은 제 인생에 매우 소중한 행복 콘텐츠입니다. 그러나 항상 행복감을 느끼는 것은 아닙니다. 시간에 쫓겨 원고를 쓰다 보면 스트레스를 받고, 그럴 땐 행복감이 아니라 초조, 불안감이 찾아오지요. 그러면 그 순간, 즉 마음이 행복하지 않은 순간에는 칼럼을 쓰는 일이 제 삶에 불행한 내용이 된 것일까요?

행복한 삶을 살려면 느낌보다 삶의 내용, 즉 가치에 더 비중을 두어야 합니다. 다시 저의 예를 들면 글을 쓸 때 바빠서 지쳤든, 다른 속상한 일로 감정 상태가 안 좋든 마음에 행복한 느낌이 없을 수 있습니다. 하지만 글을 통해 독자들과 만나는 일이 제게 가치 있는 행복 활동이라면 제 삶은 행복한 것입니다.

만일 가치가 아닌 느낌에만 의존해서 행복 여부를 판단하면 감정이 목적이고 행복 활동이 수단이 되어 버립니다. 감정이란 변덕이 심하죠. 거기에만 따르면 내 행복지수도 들쑥날쑥해집니다.

행복에 중독돼 있습니까?

사연을 다시 정리해 보면 분노하고 억울한 감정이 많았지만 이제는 감사할 줄 알게 됐는데 그 감사함이 행복감과 연결되지 않아 답답하다는 것입니다.

왜 이런 일이 생길까요? 행복을 최종적인 삶의 목적으로 삼은 것이 이유일 수 있습니다. 우리 마음은 엉뚱한 데가 있어서 행복을 목표로 뛰면 오히려 행복감을 느끼기가 어렵거든요.

인생의 목표가 무엇인지 물으면 "행복"이라고 답하는 분들이 많습니다. 행복이 인생의 목표인 것, 나쁘지 않습니다. 사장이 되겠다, 장관이 되겠다 하는 성취 위주의 목표보다 소박하고 진솔한 삶을 추구한다는 느낌도 듭니다. 그런데 사실 행복은 굉장히 높은 수준의 목표입니다.

왜일까요? 행복은 행복한 삶의 내용과 그것에 대한 주관적인 감정 반응으로 나누어진다고 했지요. 보통 우리가 행복하고 싶다고 할 때는 행복감을 뜻합니다. 행복이 인생의 목표라는 것은 행복감이 인생의 목표라는 것인데요, 행복감은 계속 유지하기가 굉장히 어렵기 때문에 높은 목표인 겁니다.

행복감을 유지하기 어려운 중요한 이유 중 하나는 뇌가 감정에 적응하기 때문입니다. 행복한 내용이 생기면 행복감이 찾아옵니다. 이 행복감은 시간이 갈수록 옅어지는데, 이것을 적응이라고 합니다.

예를 들어 볼까요. 결혼식 날, 사랑하는 사람과 이제 평생 함께할 수 있다니 행복감이 밀려옵니다. 그러나 결혼식의 행복감이 끝없이 지속되진 않습니다. 자연스럽게 옅어질 수밖에 없지요. 이때 행복감 자체가 인생의 목표라면 내가 결혼을 잘못한 것은 아닌지 싶어 불행한 마음이 찾아옵니다. 원래 시간이 지나면 감정이 옅어지는 것이 자연스러운데도 말이죠.

행복감이 인생의 목표가 되면 적응을 넘어서 더 강한 자극을 좇게 됩니다. 이게 중독 현상입니다. 소소한 자극에는 뇌가 행복감을 못 느끼게 되는 것이죠.

그러므로 행복한 느낌을 좇기보다는 감정이 좋든 말든 가치 있는 행복 활동에 집중하는 것이 좋습니다. 그러다 보면 슬쩍 행복감이 찾아오기도 하지요.

다시 정리하면 행복감을 느끼기 위해서 행복 활동을 하는 것보다, 행복 활동이 가치가 있어서 실천하다 보니 행복감이 찾아오도록 하는 편이 더 좋은 전략입니다.

행복 피트니스 전략

최근 행복에 대한 연구에 따르면 운동을 하면 근육량이 늘어나듯 '행복 피트니스'를 하면 행복감이 늘어날 수 있다고 한다. 대표적인 7가지 방법을 소개한다.

① 당신이 받은 축복을 셈하라.

② 친절한 행동을 실천하라.

③ 인생의 즐거움을 음미하라.

④ 멘토에게 감사하라.

⑤ 용서하는 법을 배우라.

⑥ 가족과 친구에게 시간과 에너지를 투자하라.

⑦ 건강을 챙겨라.

◇◇

갈등은 나 혹은 저 사람이 나빠서 생기는 게 아닙니다. 우리 마음에 관계에 대한 상반된 욕구가 자리 잡고 있기 때문에 생기지요. 너와 친해지고 싶다는 친밀함의 욕구 바로 옆에 '나는 나야. 건드리지 마' 하는 자유·독립의 욕구가 함께 존재합니다. 혼밥 하자니 외로워 친구와 밥을 먹으려는데, 난 짜장면이 먹고 싶지만 친구는 순댓국을 먹자고 하는 것이죠.

두 사람의 '케미가 좋다'는 것은 서로에게 호감을 느끼면서 동시에 라이프 스타일에서도 부딪치는 면이 적다는 이야기입니다. 케미가 좋으면 두 사람의 거리가 가까워져도 갈등이 적지만 이런 친구를 평생에 많이 만날 수는 없습니다. 한 명만 만나도 성공한 인생이랍니다.

갈등이 생겼다고 나쁜 관계가 아닙니다. 거기까지만 가능한 관계라는 뜻일 뿐이니까요.

평생 풀어야 하는 숙제,
소중한 우리 사이

누군가에게 고민을 털어놓으면
꼭 후회해요

> 속마음을 털어놓느냐보다
> 그럴 만한 친구가 있느냐가 중요합니다.

#우리는_정서적_공감이_필요한_사람들 #주고받는_에너지의_균형
#내_마음을_털어놓고_싶다면_나도_들어_주어야 #약간은_손해_보듯

20대 후반 여성입니다. 마음속 이야기를 털어놓는 것이 정신건강에 좋다고들 하지요. 그런데 막상 고민이 있어 누군가에게 말을 하고 나면 괜히 말한 것 같아 후회스러울 때가 많습니다. 최근 진로 문제 때문에 그 분야를 잘 알고 있는 분에게 제 고민을 얘기했는데, 맞는 말씀을 해주시긴 했지만 대화를 끝내고 나니 왠지 착잡하고 괜히 말했나 싶은 생각이 들었습니다. 그래서 요즘 혼자 고민하고 혼자 결정하려고 노력하고 있는데 잘하고 있는 건지 찜찜합니다. 그렇다고 누군가에게 속 시원히 얘기하자니 또 후회할 것 같아 망설여지고요. 혹시 내가 '답정녀'인가 하는 생각도 드네요.

역술가가 용하다는 이야기를 들으려면 미래를 잘 예측하는 능력보다 찾아온 이가 듣고 싶은 이야기를 해주는 기술이 더 중요하다더군요. '답정녀'는 '답은 정해져 있고 너는 대답만 하면 돼'의 준말이라지요. 듣는 사람이 원하는 대답을 잘 파악해서 들려줄 때 만족감을 느낀다는 이야기입니다.

누군가에게 질문하며 대화를 나눌 때는 정보를 얻으려는 목적과 함께 공감이나 정서적 지지를 받고 싶은 욕구가 같이 존재하는 경우가 대부분입니다. 어떤 경우엔 정보나 판단보다 공감이나 정서적 지지가 주된 목적이기도 하고요. 부부 간의 대화에서도 그렇습니다.

"날씨도 춥고 나이도 들어 가니 내 피부 많이 상했지?"라고 아내가 남편에게 물었다 칩시다. 이때 남편이 눈 꾹 감고 말해야 하는 정답은 "아니, 처녀 때처럼 예뻐"입니다. "정말이야?"라고 아내가 되묻는다면 "정말이야. 계속 유지하게 피부 관리 잘 받아요"까지 해야 '답정녀'의 완성입니다. 거짓말이긴 하지만 아내를 기분 좋게 만드는 하얀 거짓말인 셈이죠.

이렇게 상대방이 나에게 객관적인 해답을 원하는 게 아니라 공감을 받고 싶어서 질문을 던지는 경우가 많답니다.

무슨 말을 해도 통하는 친구가 필요해

왜 우리는 속마음을 다른 사람과 나누고 싶어 할까요? 그건 정서적 공감을 받고 싶어서입니다. 그건 왜일까요? 누군가에게 공감받을 때 내가 소중하다는 느낌이 차오르기 때문이지요. 사람이 느끼는 가장 큰 외로움은 내가 누구인지, 내가 어떤 가치를 가졌는지에 대한 정체성이 희박해질 때 찾아오거든요.

정체성은 타인과의 관계 속에서 만들어집니다. 그래서 나에게 공감해 주는 관계가 없다면 자존감이 떨어지기 쉽고 외로움도 찾아옵니다. 극단적으로는 삶을 마감하려는 행동까지 나올 수 있지요. '자살 예방을 위한 생명의 전화'에 대해 들어 보셨을 겁니다. 이게 무슨 대단한 효과가 있을까 싶지만 극단적인 상황에서 마지막 전화 한 통으로 공감의 대화를 나누면, 다시 사는 쪽으로 마음을 돌릴 수 있습니다. 1분의 공감 대화가 내 자신의 가치를 올릴 수 있는 거죠. 그러므로 대화를 할 때 답정녀의 심리가 있는 건 당연하다 생각됩니다. 공감이라는 소중한 느낌을 경험할 수 있으니까요.

행복감을 유지시키는 중요한 요소 중 하나가 '속마음을 터놓고 이야기할 수 있는 친구가 있는가'입니다. 여기서 핵심은 속마음을 터놓고 이야기하는 것이 아니라 그럴 만한 친구가 있느냐입니다.

언뜻 생각하면 속내를 터놓을 수 있는 친구 한두 명 정도는 만들기 쉬울 것 같고, 내 주변에도 있는 것 같지요. 그런데 막상 깊은 고민이 생겨 이야기를 나누고 싶은데, 마땅한 사람이 없어 속상했던 경험이 있을 겁니다. 용기를 내 이야기했더니 반응이 기대와는 딴판이라 오히려 상처를 받는 경우도 많죠. 타인과 깊은 공감관계를 만드는 것이 이렇게 어렵습니다.

한쪽에서만 들어 주는 관계는 오래가지 못해

답정너란 말에는 공감받고 싶은 욕구가 담겨 있다고 말씀드렸지요. 이런 욕구 때문에 회사에서 일 열심히 하는 직원보다 상사에게 듣기 좋은 말 잘하는 직원이 더 사랑받기도 합니다. 객관적으로는 그래선 안 되지만 사람 마음은 지극히 주관적이잖아요. 그러니 내가 원하는 말만 하는 사람에게 일단 끌려가게 되어 있습니다. 나를 근사하다고 느끼게 만들어 주기 때문이죠. 그것을 이기고 객관성을 유지하는 데에는 상당한 노력이 필요하기에 균형 잡힌 리더십을 갖기가 그만큼 쉽지 않은 겁니다.

그런데 내 기분이 좋아진다고 답정너 직원만 좋아하다 보면 결국 본인에게도 불리합니다. 실제로 부하직원의 반발에 "가장 믿던 부하직원에게 배신당했다"라며 속상해하는 직장인도 종종 봅니다. 다르게 표현하면 잘 공감해 주던 부하직원이 자신에게 분노라는 공격행동을 한 것입니다. 부하직원은 왜 그랬을까요? 그만큼 공감이라는 것이 에너지가 많이 소모되고 어려운 심리반응이기 때문입니다.

상사는 자신에게 잘 공감해 주는 부하직원이 좋습니다. 그래서 칭찬이나 임금 인상 등 나름대로 심리적·경제적 보상도 줍니다. 그런데 사람이란 누구나 자기 위주로 생각하죠. 그래서 계산기를 두드리다 보면 손해 보는 느낌이 들곤 합니다. 상사는 충분히 보상했다고 생각하는데, 부하직원 입장에서는 자신이 쓰는 감정적인 에너지에 비해 부족하다 느낄 수 있죠. 이렇게 울화가 쌓이게 됩니다. 그것이 행동화되는 것이 분노 공격 반응이고요.

그래서 어떤 관계든 서로 공감을 잘하는 관계를 지속적으로 유지하기 위해서는 주고받는 감정 에너지의 균형을 맞추는 것이 중요합니다. 그런 관계에서는 서로 '내가 더 희생하고 더 주자'고 생각하는 경우가 많습니다. 내 생각보다 더 마음을 주어야 그 사람의 요구를 충족시킬 수 있죠. '네가 공감해 주는 건 사람으로서 당연한 도리다' 또는 '이 정도면 충분하겠지'라고 생각하면 에너지 균형이 깨지고 언젠가는 상대방이 결핍을 느끼게 됩니다.

따뜻한 공감관계를 잘 유지하기 위해선 좋은 사람과 마음을 충분히 주고받아야 합니다. 그래서 어렵습니다. 내 마음을 터놓을 한 사람을 만나기 위해서는 나도 그 사람의 마음을 들어 줄 준비가 돼 있어야 하니까요.

일방적으로 내가 원할 때만 공감해 달라는 식으로 접근하면 길게 공감관계를 유지하지 못합니다. 약간은 손해 보듯, 마음을 더 주려는 괜찮은 사람들끼리 만날 때 짙은 공감관계를 오래 유지할 수 있지요.

왜 나는 다른 사람을 진심으로
챙겨 주지 못할까요?

> 내 욕구를 먼저 알아야
> 배려도 가능합니다.

#본능은_원래_이기적이다 #감정_하나하나에_지나친_의미를_부여하지_말기
#행복에_대한_외부의_메시지에서_벗어나기
#뭐가_먹고_싶은지_묻기_전에 #내가_먹고_싶은_것부터_생각하기

30대 초반의 직장맘입니다. 제 고민은 의무감입니다. 의무감이 나쁘다고는 생각하지 않지만 이 때문에 힘든 일이 많습니다. 주로 '하고 싶다'는 마음보다 '해야 한다'는 마음이 클 때 그래요. 예를 들어 '외국에 나가는 친구에게 선물을 해주고 싶다'고 했던 생각이 얼마 안 가 '선물을 해야 한다'로 바뀌어 버리는 식입니다. 이렇게 마음이 바뀌면 부담스러움과 짜증이 밀려옵니다. 친구가 선물을 받고 웃는 모습을 보면 기분이 좋아질 걸 알면서도 그렇습니다. 그러면서도 '왜 나는 사람을 진심으로 챙겨 주지 못할까' 하는 좌절감이 생깁니다.

좋은 일도 숙제가 되면 하기 싫어지는 게 당연하죠. 그런데 좋은 일은 대부분 숙제 같은 성격이 강해 마음에 저항이 생기기 쉽습니다. 그건 우리 마음에 이기적인 면이 강하다는 걸 의미하죠. 누구나 세상의 중심은 나고, 내가 원하고 내가 편한 쪽으로 행동하려 합니다. 그러나 모두가 이기적으로 살면 인류는 유지될 수 없겠죠. 내가 필요 이상으로 소유하면 할수록 다른 사람에게 결핍이 생길 수밖에 없으니까요.

상대방에 대한 배려, 이타적인 행동이 이기적인 행동과 어느 정도 균형을 맞춰야 그런대로 사회 시스템이 유지됩니다. '최대 다수의 최대 행복'이란 거창한 목표까진 못 가더라도 말이죠.

이타적인 행동은 이기적인 본능을 거스르는 것이라 오늘 사연처럼 의무감이 생기는 게 당연합니다. 그럼에도 많은 사람의 이타적인 행동이 있기에 우리가 살고 있는 거겠죠. 의무감만으로는 이타적인 행동을 다 설명할 수 없습니다.

최근의 뇌 연구를 보면 이타적 행동을 할 때, 즉 다른 사람을 배려할 때 뇌의 쾌락 시스템에서 보상이 일어난다고 드러났습니다. 쾌락은 이기적인 욕망과 주로 연결돼 있는데 우리 뇌가 이타적인 행동에도 쾌감을 느끼도록 만들어져 있다는 것이죠.

의무감과 이타적 쾌감이 공존하는 건 자연스러우니 스스로를 탓하지 마세요. 감정이란 언제나 이중적이고 자주 모순됩니다. 자연스러운 현상입니다. 여기에 좌절하고 스스로 자책하는 건 정신건강에 좋지 않아요.

내 감정 하나하나에 지나치게 의미를 부여하면 삶이 힘들어집니다. 외부에서 받는 메시지 때문에 행복에 대한 정의가 우리 마음속에 느낌의 형태로 설정된 경우가 많습니다. 그래서인지 우울의 반대말이 무엇이냐는 질문에 행복이라는 대답이 가장 많이 나옵니다. 그러니까 우울 같은 부정적인 느낌이 있으면 불행하다고 여기는 거죠.

오늘 사연으로 돌아가 볼까요. 해외에 나가게 돼서 오랫동안 못 볼 친구에게 마음이 담긴 선물을 하는 건 가치 있고 근사한 일입니다. 느낌이 뭐라 하든 가치 있는 행동을 했으면 오늘 내 삶은 행복하고 근사한 겁니다.

변덕스러운 마음에 행복의 기준을 두느니 변하지 않는 내 삶의 가치에 행복의 기준을 두세요. 그러다 보면 그 튼튼한 구조 안에서 변덕쟁이 마음도 안정을 찾아가게 됩니다.

상대를 배려하려면 내 생각을 먼저 표현하라

그런데 진정으로 이타적이기 위해선 이기적으로 생각하는 연습도 필요하지 않나 싶습니다. 이기적으로 생각하라니, 뭐 이런 소리가 있나 싶으신가요.

우리는 집·학교·사회에서 이기적인 것은 옳지 않은 것, 나보다 남을 먼저 배려하는 게 훌륭하다는 메시지를 수없이 들었습니다. 그래서 뇌의 통제 시스템에 이타적인 행동에 대한 규범이 진하게 스며 있습니다. 이기적인 행동을 하려고 하면 그 통제 시스템이 마음에 불편한 감정을 만들지요.

그래서 이기적인 마음을 이타적인 모양새로 바꾸는 전술을 무의식적으로 쓸 때가 많습니다. 상대방을 많이 배려하는 것 같으면서도 결과적으로 이기적인 방향으로 흘러가는 겁니다. 누군가와 식사 약속을 할 때 "네가 먹고 싶은 걸로 정해"라고 하는 게 그 예입니다.

이렇게 말하는 사람은 '난 이해심이 많아' 하며 이타적인 행동이 주는 쾌감을 느낄 수도 있겠지만 사실은 이기적인 요소가 많은 말이지요. 일단 메뉴 정하는 노동을 상대방에게 넘겼으니까요. 그 말은 들은 사람은 고마운 마음도 있겠지만 부담도 두 배가 됩니다. 아무리 상대가 그렇게 말했더라도 상대를 고려해서 메뉴를 정해야 하니까요.

그래서 묻습니다. "중국집 어때?" 그러면 상대는 "아니, 그건 빼고. 느끼한 건 싫어"라고 답합니다. 다시 묻습니다. "그럼 고기 먹을래?" 다시 상대는 말합니다. "좋긴 한데 너무 덥지 않을까? 난 깔끔한 음식이기만 하면 돼." 묻는 쪽은 속이 끓기 시작합니다. '깔끔한 음식이 도대체 뭐람.' 다시 묻습니다. "파스타 먹을까?" 대답은 "넌 파스타 먹고, 난 피자 먹으면 되겠다"입니다. 이 정도면 피자를 얼굴에 던지고 싶을 지경이죠.

이기심을 감춘 이타적 행동은 상대방을 더 힘들게 합니다. 웃는 얼굴에 침 못 뱉게 해놓고 자신의 이기적인 요구를 은근히 주장하기 때문입니다.

상대방을 제대로 배려하려면 "네가 먹고 싶은 걸로 정해"란 말에 이기적인 욕구가 있음을 인식하고 말할 필요가 있습니다.

내가 먹고 싶은 것이 무엇인지 생각한 후 "피자 어떨까?"라고 이야기하는 것이 차라리 상대적으로 덜 이기적인 소통인 셈입니다.

나에게 의지하려는 상대가
부담스러워요

> 좋은 우정을 유지하려면 우리 사이에
> '적절한 공간'이 필요해요.

#의존적_성향 #주도적_성향 #우정에는_적절한_공간이_필요하다
#완벽한_우정을_추구하면_외로워져요

직장에 다니는 47세 주부입니다. 직장에서 한 동료와 친해져서 하루는 동료의 집에 놀러갔습니다. 그런데 제가 아이들과 이야기 나누는 모습을 보고는 "나한테도 애들한테 하듯이 대해 주면 안 돼?"라고 묻더군요. 그 말에 충격을 받았습니다. 그다음부터는 그 사람이 답답하게 느껴져 "나는 너와 친구로 지내고 싶다. 부모처럼 의지하는 건 부담스럽다"라고 했습니다. 그러고는 마음이 너무 복잡해졌습니다. 제게 사람들이 의지하게 하는 성향이 있는 걸까요? 저는 누군가 저에게 의지하거나 뭔가 바라는 게 부담스럽습니다. 동등한 입장에서 서로 돕는 관계를 원하는데 제게는 그런 관계를 맺을 기술이 부족한 걸까요?

우리는 모두 따뜻한 관계를 원합니다. 그 따뜻함을 누군가에게 의지함으로써 얻으려는 사람은 의존적 성격이라고 볼 수 있습니다. 이와 반대로 다른 사람을 보살피면서 따뜻한 관계를 유지하려는 사람도 있습니다. 주도적인 성향을 가진 사람이 그렇지요.

사연 속 주인공은 주도적인 성향이 강하고, 동료는 의존적 성향이 강한 것 같습니다. 의존성이 강한 사람은 본능적으로 자기가 의지할 만한 상대를 잘 찾아냅니다. 그래서 주도적인 성향을 가진 사람 주변엔 의존적인 사람들이 모여들 가능성이 큽니다.

주도적인 사람은 자신에게 어느 정도 의존하는 사람을 부담스러워하지 않습니다. 관계의 따뜻함을 느낄 수 있고 누군가를 돕는다는 만족감도 생기니까요. 그러나 정도가 지나치면 저항감이 생깁니다. 우정이 지속되려면 적절한 공간이 필요합니다. 적절한 공간이란 뭘까요?

케임브리지 대학 인류학 교수 앨런 맥팔레인(Alan Macfalane)의 글을 소개해 드립니다.

"우정은 존중과 예의에 기초한다. 그 존중과 예의는 밀접함에 근거하지만 동시에 일정한 거리를 두어야 하지. 이때 거리 두기는 타인의 개별적 주체성, 이를테면 개별적인 욕구와 필요, 그리고 그 사람의 사회적 공간을 인정한다는 뜻이란다. 어떤 사람이 자신의 목적을 위해 나의 시간과 공간, 욕망을 강제로 침범한다면 그것은 육체적 학대 못지않은 심각한 폭력이지. 그만큼 개인을 둘러싸고 있는 사회적 공간은 대단히 중요하단다."

『릴리에게, 할아버지가』(2015) 중에서

우린 하나가 아니고 둘이야

"너 저 사람이랑 친해?"라는 질문을 종종 하지요. 둘 사이의 친밀도나 우정이 궁금할 때 던지는 질문입니다.

우정이 생기려면 마음의 거리가 가까워져야 합니다. 마음이 가까워지면 서로에 대한 지식이 늘고 마음 상태에 대해서도 공유하게 되지요. 친구와의 의사소통에 있어서 최고의 형태는 침묵이라고 하죠. 우정이 깊어지면 말하지 않아도 상대방의 마음이 느껴질 정도로 거리가 가까워지죠.

그러면 실제 물리적 거리도 가까워집니다. 만나는 횟수가 늘고 취미 등 여러 활동을 함께하게 되니까요. 비밀이 없고 거의 모든 것을 함께하는 단짝 친구가 되는 겁니다.

외로운 인생에 이런 단짝을 갖는다는 것은 큰 행복입니다. 하지만 아무리 가까운 친구라도 위기가 오기 마련입니다. 바로 내 자유가 상대방에 의해 침범받는다는 느낌이 들 때입니다. 두 사람이 아무리 가깝고 잘 맞는다고 해도 모든 것이 일치할 수는 없습니다.

'우리는 하나'라는 느낌으로 따뜻함을 즐기되, 동시에 서로 다른 사람인 것도 인정해야 하지요. 그래서 우정이 유지되려면 두 사람 사이에 적절한 공간이 필요합니다.

완벽한 우정을 추구하는 사람 중에 오히려 친구 관계 유지에 어려움을 호소하는 경우가 있습니다. "나는 100을 줬는데 상대방은 80만 주니 섭섭하다. 그래서 100을 요구했더니 떠나 버리더라"라는 겁니다. 완벽한 우정을 추구한다는 것은 그만큼 외로움을 더 크게 느낀다는 의미입니다. 그러다 보니 적절한 공간을 유지하기가 어려운 거죠. 그러나 좋은 우정을 지키려면 친밀함과 더불어 상대방의 자유를 존중해 주는 적정거리를 유지해야 한다는 걸 기억하세요.

소심하고 내성적이라 다른 사람과
관계 맺기가 힘들어요

약점을 드러내는 용기를 길러 보세요,
아주 천천히.

#고민한다는_건_변화하고자_하는_의지가_있다는_것 #안_맞는_친구와는_가볍게_안녕
#통증은_성숙해_간다는_신호 #약점까지_안아_주는_친구가_있다면_행복한_인생

고등학교 2학년 여학생입니다. 저는 남 앞에서 말도 잘 못할 정도로
소심하고 내성적인 성격입니다. 특히 선생님과 마주하면 무슨 잘못이라도 한 것
처럼 가슴이 떨려 말이 잘 안 나옵니다. 조금이라도 꾸중을 들으면 바로 울음이
터져서 그것도 너무 큰 스트레스고요.

다른 사람에게 속 이야기를 하고 싶어도 이런 저를 다른 사람이 안 좋게 볼까,
혹은 싫어하게 될까 더 눈치를 봅니다. 저도 남들과 쉽게 친해지고 남 앞에서 하
고 싶은 말 하면서 살고 싶어요. 앞으로 사회에 나가서도 계속 이런 성격으로 살
아야 하는 걸까요? 생각만 해도 괴로워요. 무슨 방법이 없을까요?

사람이 느끼는 속상한 일 대부분이 관계의 문제입니다. 우리는 평생 다른 사람에게 비춰진 내 모습을 보며 살아갑니다. 그 모습이 아름답고 멋져야 나를 스스로 근사하다고 여깁니다. 마찬가지로 상대방에게 비춰진 내 모습이 어색하고 암울하면 불안감을 느낍니다.

누구는 그 불안감을 해소하기 위해 관계에 집착하는 강박적인 모습을 보이고, 어떤 사람은 괴로움을 주는 관계에서 아예 도망쳐 버리는 회피 반응을 보이지요.

관계 문제는 마음의 문제

정도의 차이가 있을 뿐 누구나 강박과 회피 반응을 합니다. 싫은 사람은 가능한 한 만나지 않거나 불안에 대처하기 위한 방어적인 습관을 만들어 철저히 지키는 식이죠. 약간의 효과는 있지만 너무 방어만 하다 보면 본질을 놓치게 됩니다. 외로운 존재가 되는 거죠. 사람은 스스로를 사랑할 수 없습니다. 내가 보낸 사랑이란 에너지가 상대방에게 흡수된 후 더 따뜻한 형태로 반사돼 돌아올 때 비로소 나를 사랑할 수 있습니다.

흔히들 마음을 열고 세상을 향해 가슴을 펴라고 하지만 그게 어디 쉬운가요. 마음을 열었다 상처받거나 내 삶이 엉망이 돼 버린 경험도 있을 겁니다. 준비가 안 돼 있는데 일단 열어젖히는 것도 무모

116

한 행동일 수 있고요.

관계 문제는 마음의 문제입니다. 마음이란 내 안에 있는 또 다른 인격체입니다. 그러니 마음이라는 친구에게 용기를 주고 자신감을 갖도록 도와주는 게 우선입니다.

여기서 말하는 용기는 객기와는 다릅니다. 내가 약하다는 걸 인정하고 남에게 그 약점을 보일 수 있는 게 용기입니다. 그리고 여유도 필요합니다. 마음이 용기를 갖기까지는 생각보다 많은 시간이 걸릴 테니까요.

도움을 달라고 찾아온 환자들 중에 1년 이상 걸리는 경우도 적지 않습니다. 가족이 이런 모습을 보며 답답한 나머지 자꾸 재촉을 하는 경우도 있는데, 그러지 말고 따뜻한 마음을 계속 전달하는 게 용기를 갖고 세상을 향해 나아가도록 돕는 길입니다.

관계를 고민한다는 사실 자체가 변화하고 싶은 동기가 있다는 뜻입니다. 동기는 에너지입니다. 그 에너지를 잘 활용해야 합니다. 정말 자신을 고치고 싶다면 일기를 쓰되 처음부터 긴 일기는 쓰지 마세요. 앞에서 소개한 행복일기를 써 보는 겁니다.

일주일에 한 번, 세 줄이면 족합니다. 자기비판이나 새로운 계획 같은 건 말고 그냥 나에게 있었던 일 중 행복했던 일 세 가지만 적으세요. 이 소박한 행복일기는 긍정적 마인드가 자연스럽게 우리 마음에 스며들도록 돕는다는 연구가 있습니다.

'진짜' 친구 한두 명만 있어도 성공한 인생

선생님 앞에서 말문이 막힌다고요? 너무 고민하지 마세요. 선생님은 권위의 상징입니다. 당연히 어려운 사람이에요. 선생님이 어렵지 않은 학생이 있다면 그 학생이 비정상일걸요. 그런 고민은 넣어 두고 먼저 가까운 친구에게 속마음을 이야기하는 훈련을 하세요.

내 속 이야기를 털어놓았는데 상대방이 날 싫어하면 어떡하냐고요? 그건 모든 이에게 사랑받고 싶은 욕구가 큰 겁니다. 모든 사람에게 사랑받을 수는 없어요. 큰 무리 없이 인간관계를 맺고 '진짜' 친구 한두 명만 있어도 세상을 따뜻하게 살 수 있습니다. 용기를 내서 마음을 열었는데 상대가 받아 주지 않는다고 좌절할 필요도 없습니다. 내가 잘못한 게 아니라 그 사람이 나와 맞지 않는 것일 뿐이니까요. 그 사람과는 "안녕" 하고 새 친구를 찾으면 됩니다.

이런 관계의 고통을 나만 겪는 것 같나요? 실은 누구나 겪습니다. 오죽하면 그게 역사와 문학의 주된 콘텐츠겠어요. 그렇기 때문에 고전을 읽으면 내 감성을 이해하는 데 도움이 됩니다. 감성은 논리적 언어체계와 다르고 이성의 통제도 받지 않기 때문에 이해하기 어렵습니다. 이해받지 못하는 우리 감성은 강박과 회피 반응을 일으켜 숨으려고 하는 겁니다.

삶의 통증을 느낀다는 건 성숙해 간다는 신호입니다. 도망치려 하지 말고 받아들이세요. 그래야 삶을 진지하게 즐길 수 있습니다.

툭하면 입을 닫는 남편 때문에
복장이 터져요

추적자와 도망자라는 관계에서
벗어나야 해요.

#침묵시위 #남편은_왜_대화를_피할까? #아내는_왜_대화_좀_하자고_할까?
#추적자_아내 #도망자_남편 #안전한_단어_전략 #억지로_경청하기_훈련
#인내가_사랑이야

결혼 10년차 30대 후반 주부입니다. 제 고민은 남편의 침묵입니다. 남편은 성실하고 크게 속 썩이는 일은 없지만, 가끔 그만 살고 싶습니다. 대화하자고 하면 늘 피하는 게 제일 큰 문제예요. 그러면 나를 무시하나 싶어 더 강하게 이야기하게 되고, 결국 부부싸움으로 이어집니다.

이 남자, 도대체 왜 이러는 걸까요? 어떻게 해야 남편의 입을 열 수 있을까요?

인구보건복지협회가 기혼남녀 1,200명을 대상으로 하루 대화 시간을 조사했더니 30분 미만이라는 부부가 38.4%였습니다. 대화 내용도 자녀양육이 40%고 부부 사이에 대한 이야기는 14%에 불과했습니다.

아마 "30분 대화도 길다"라고 할 남편들도 꽤 있을 것 같네요. 반면 아내는 30분이라도 집중해서 대화하자고 호소할 듯싶습니다. 실제로 병원에는 대화를 피하고 침묵시위하는 남편 때문에 화병 걸려 오는 아내가 적지 않습니다. 그런가 하면 한번 시작하면 고릿적 이야기까지 다 꺼내는 아내 때문에 스트레스를 받는다는 남편이 있습니다. 남편들은 상황을 악화시키지 않으려면 침묵이 최선이라고 주장합니다.

한국 남자는 서양 남자보다 무뚝뚝해 보입니다. 할리우드 영화 속 부부들은 항상 대화를 나누더라고요. 그런데 미국 아내도 남편의 침묵 때문에 화를 내기는 마찬가지입니다. 대화를 시작하려 하면 꿀 먹은 벙어리가 되는 남편 때문에 테라피스트를 찾는 미국 아내도 많다더군요. 남자의 침묵은 문화적 차이가 아니라는 거죠. 무슨 영문일까요?

대화를 거부하는 남편의 심리

남성은 여성과 달리 관계에 대해 이야기하는 게 익숙하지 않습니다. 남자가 시시콜콜 관계에 대해 이야기하는 건 '남자답지 못하다'

거나 '통이 작다'고 평가받다 보니 그런 통제의 틀이 부지불식간에 뇌에 입력되었지요. 그래서 섬세한 대화에 저항하는 것입니다. 말수 적은 남자가 좋게 평가되는 경우가 많으니 더 말이 없어지지요. 결국 대화 훈련을 못 받은 채로 결혼해서 아내와 대화하기가 쉽지 않은 겁니다.

반면 여성은 어려서부터 자연스럽게 대화 기술이 발달한 편입니다. 커피 한잔 시켜 놓고 반나절도 이야기할 수 있는 게 여성입니다. 남자는 자주 만나는 친구와도 그냥 앉아 있으면 어색하죠. 회식 때 폭탄주를 마구 돌리는 것도 적막함에 대한 불안을 없애려는 자구책이 아닐까 합니다. 세 잔 정도 돌고 나면 말이 술술 나오니까요. 그러다가도 술 없이 다시 만나면 어색하기만 합니다.

그런데다 대부분의 남편은 아내와 대화하면 항상 본전도 못 건져 밑지는 장사를 한 느낌을 받습니다. 항상 KO 패죠. 먼저 소리 지르고 화내는 것도 진 걸로 쳐야 합니다. 차분하게 아내와 대화해서 승리했다는 남자 이야기는 들어 본 적이 없는 것 같습니다.

여성은 어려서부터 섬세한 대화로 훈련돼 있어 대체로 남성보다 소통 능력이 한 수 위입니다. 남편은 "아내는 준비를 하고 덤비는데 난 아니다" "아내는 내가 한 말과 행동을 모두 기억하지만 난 아니다" "아내는 옛일을 계속 끄집어내니 어떻게 해야 할지 모르겠다"라고 하소연합니다. 아내랑 이야기하다 보면 비판받는 것 같아 부끄러운 마음도 든다고 합니다. 그래서 대화를 피하고 아예 침묵한다는 거죠.

추적하는 아내, 도망가는 남편

사실 남자는 여성보다 비판받을 때 '욱' 하는 경향이 강합니다. 존경받지 못하고 고립됐다고 느낄 때 남자는 즉각적으로 분노합니다. 수렵 시대부터 이어져 온 공격 본능과 연결된 겁니다. 그런데 이렇게 화를 내고 나면 기분이 더 안 좋습니다. 남자들, 힘만 세지 마음은 의외로 약하다니까요. 그래서 화내지 않기 위해 침묵을 선택합니다.

회식 자리에서 자기 농담에 아무도 안 웃으면 '왜 사나' 싶을 정도로 좌절하는 게 남자입니다. 남자는 칭찬 수위가 올라갈 때 만족감을 느낍니다. 보통 남편이 아내에게 가장 듣고 싶은 말은 "당신이 최고야"라는 겁니다. 그런데 최고는커녕 부정적인 대화를 시작하면 남자는 상상 이상으로 마음에 통증을 느낍니다. 특히 옛날 일을 이야기하기 시작하면 인생이 다 망가진 듯한 느낌마저 들죠.

아내의 대화 요구에 수동적으로 반응하는 건 대화를 해서 아내를 더 불행하게 만들고 싶지 않기 때문입니다. 불행한 아내를 보면 좌절감을 느끼니까요.

그러나 아내는 아내대로 대화를 피하고 침묵 모드로 들어가는 남편을 보면 좌절감을 느낍니다. 남편이 나를 보호하지 않는 남 같은 존재로 여겨지니까요. 남자는 본인 가치가 평가절하돼 작아지는 느낌을 못 견딘다면 여성은 관계가 멀어지는 것에 예민하게 반응합니다. 대화를 피하는 남편에게 아내가 더더욱 대화를 요구하는 이유입니다.

그렇게 아내는 추적자가 됩니다. 추적이 강해질수록 남편은 더 열심히 도망갑니다. 이 쫓고 쫓기는 관계가 지속되면 그대로 굳어 버리지요. 부부관계가 악화돼 같이 살고 싶지 않을 정도가 되기도 합니다.

아내들은 호소합니다. 어떻게 하면 남편을 바꿀 수 있냐고요. 남편들도 똑같이 호소합니다. 어떻게 하면 아내를 바꿀 수 있냐고요. 아내는 더 강하게 남편을 압박해야 하냐고 묻고 남편은 피하는 게 맞지 않냐고 묻습니다.

추적자-도망자 패턴은 초기에 끊는 게 중요합니다. 오래되면 습관처럼 굳어져 부부관계에 상당한 악영향을 끼치니까요. '추적자 아내와 도망자 남편'의 패턴을 개선하려면 먼저 문제의 본질을 파악해야겠지요. 사람이 아닌 관계의 패턴에 집중해야 합니다. '네 행동이 문제야. 네가 바뀌어야 우리 관계가 개선될 수 있어'라는 생각과 대화는 상황을 악화시킬 뿐입니다.

'안전한 단어(safe word) 전략'이란 게 있습니다. 부부가 대화를 하다가 추적자-도망자 패턴이 나오려고 할 때 이를 먼저 인식한 배우자가 미리 정해 놓은 안전한 단어를 이야기하는 거죠. 감정이 섞이지 않은 중립적 단어로 말입니다. '라면'도 좋고 '제주도'도 좋습니다. 안전한 단어를 상대방이 말하면 대화를 멈추기로 미리 약속하는 겁니다. 그리고 조금 시간을 두고 생각과 감정을 정리한 후 다시 차분하게 자신의 감정과 문제를 이야기하는 거죠.

'속 터져 죽겠는데 언제 그러고 있나' 싶으시겠지만, 그런 인내가 바로 사랑 아닐까요. 게다가 이 방법은 의외로 효과도 좋습니다.

안전한 단어 전략과 더불어 다툼으로 대화가 중단된 부부의 경우 격주로 배우자의 이야기를 30분간 경청하는 시간을 갖기를 권해 드립니다. 이번 주는 아내가 30분 이야기하고 남편은 경청만 하고, 다음 주에는 남편이 30분 이야기하는 겁니다. 중간에 상대방의 말을 끊고 반론을 제기하면 안 됩니다. 그러다가 싸움으로 가기 쉬우니까요.

서로 논쟁을 해서라도 해결을 봐야지 듣기만 하면 무슨 소용이냐고요? 마음은 상대방이 내 이야기를 잘 들어 줄 때 존중받는다는 느낌을 받습니다. 부부 사이에 서로 존중받는 느낌을 가진다면 문제의 반은 해결된 것 아닐까요?

오래 사귄 연인이 있지만
결혼은 두려워

> 결혼의 두려움도 나눌 수 있어야
> 진짜 내 짝입니다.

#다_좋은_선택은_없다 #나를_내보여야_상대도_마음을_드러낼_기회를_얻는다
#용기를_가지고_오픈_마인드 #상대가_나의_약점을_안아_준다면_고민은_끝

33세의 남자 직장인입니다. 친구 소개로 만나 지금까지 잘 지내고 있는 여자친구가 있습니다. 나이는 저보다 한 살 어리고요. 슬슬 결혼 이야기가 나오는데, 여자친구를 좋아하고 연애로 얻는 안정감도 좋지만 결혼만 생각하면 가슴이 답답해집니다. 가장이 된다는 책임감뿐만 아니라 결혼 후 경제적인 문제를 감당할 수 있을지 두려워서요. 주변에도 같은 고민을 하는 친구가 많습니다. 여자친구에게 이런 속마음을 말하자니 자존심이 상해서 속만 끓이고 있습니다.

저는 오랫동안 책을 소개하는 라디오 코너에 출연했는데요, 하루는 소개하는 책 내용 중에 "사랑하면 꼭 결혼해야 하나요"라는 문장이 있었습니다. 청취자들의 반응이 미혼이냐 기혼이냐에 따라 다르더군요. 미혼인 사람들은 "정말 사랑하면 결혼해야 하지 않겠냐"는 반응을 많이 보였는데 기혼인 사람들은 "사랑도 결혼하면 다 변한다" 심지어는 "미쳤냐"는 반응이었습니다.

미혼인 사람들은 기혼자들의 이런 모습을 보고 결혼에 대해 부담을 가질 수밖에 없습니다. 거기에 경세적 부담까지 있으니 결혼이 더 어렵게 느껴질 수밖에요. 저도 이와 비슷한 고민 사연을 자주 접합니다.

한 정부기관에서 시행한 설문조사 결과를 보면 다시 태어나도 지금의 배우자와 결혼하겠냐는 질문에 남성은 45%가 꼭 다시 결혼하겠다고 답한 반면 같은 답을 한 여성은 19.4%에 불과했다고 합니다. 양쪽이 다 만족스러워야 잉꼬부부라 할 수 있으니 잉꼬부부는 열 커플 중 두 커플이 되지 않는 셈이네요.

이렇게 결혼에 대한 만족감이 떨어진 것을 반영한 걸까요. 우리나라에서 60세 이후 황혼이혼이 초혼이혼을 앞섰다고 합니다. 상식적으로 생각하면 인생 후반에 홀로되는 것보다는 살던 사람과 사는 것이 좋을 듯한데, 통계만 봐도 결혼이 쉽지 않은 것 같습니다.

행복한 결혼을 위해서는 결혼한 후에 서로 이해하고 잘 맞춰 가는 것도 중요하지만, 그 전에 나랑 잘 맞는 상대를 만나는 것이 중요합니다. 나와 잘 맞는 상대를 만나기 위해서는 두 가지 능력이 있어야 합니다. 하나는 그런 사람을 알아볼 수 있는 '눈'입니다. 또 하나는 그 사람을 내 사람으로 만들 수 있는 '매력'입니다.

이성에게 매력적인 사람이 행복한 상대를 만날 것 같은데 꼭 그렇지도 않습니다. 모든 사람이 날 쉽게 좋아하니 내가 어떤 사람과 잘 맞는지 알 기회를 갖지 못해 '보는 눈'이 충분히 계발되지 않을 수 있거든요. 그래서 자신과 잘 맞는 사람이 아니라 나에게 잘해 주는 사람과 결혼하는 경우가 생기는 것이죠.

보는 눈은 있는데 매력이 없어도 힘들기는 합니다. 답답하죠. 그러나 오히려 실수할 가능성은 떨어집니다. 기다리다 보면 자신을 먼저 사랑해 주는, 그러면서 나랑 잘 맞는 사람을 만날 수 있습니다.

세상에 다 좋은 선택은 없습니다. 기회비용이라는 것이 있죠. 결혼이 여러 모로 부담스러워도 그것을 뛰어넘을 만큼 함께하고 싶다면 하게 될 겁니다. 결혼에 대한 저항과 고민이 있다면 그것을 없애려고 애쓰느니, 전부 뛰어넘을 만큼 그 사람을 사랑하는지 생각해 보세요.

물론 그 전에 사랑을 키우는 노력이 있어야겠죠.

친밀한 사랑은 오픈 마인드에서 온다

사랑에는 세 가지 종류가 있다고 합니다. 열정적 사랑, 친밀한 사랑, 헌신적 사랑이 그것입니다.

사랑의 시작은 열정적입니다. 강렬한 매력을 느끼고 서로에게 몰입하지요. 그런데 결혼 후 부부관계를 잘 지속하려면 친밀한 사랑이 중요합니다. 친밀한 사랑은 서로의 마음에 공감해 주는 친구 같은 사랑일 테고요. 그러기 위해서는 내 단점이나 콤플렉스를 상대에게 열고 보여줘야 합니다. 그것이 사연 주신 분이 밟아야 할 첫 단계입니다. 여자친구에게 속마음을 한번 털어놔 보세요.

솔직한 오픈 마인드를 심리학적 용기라고 합니다. "나는 강하다"라고 주장하는 게 아닌 나를 솔직하게 내보일 수 있는 용기입니다. 사랑을 주는 것도 중요하지만 받는 능력도 그 이상으로 중요합니다. 내 고민을 오픈해야 상대방도 자신의 사랑을 보여줄 기회를 가질 수 있습니다.

여자친구에게 속마음을 솔직히 털어놓기가 자존심 상한다고 하셨는데요, 자존심은 관계에 근거합니다. 나에 대한 평가가 관계 속에서 긍정적일 때 자존감이 높아지죠.

자존감을 다르게 표현한다면 나에 대한 긍정성, 긍정적인 마음이라고 할 수 있습니다. 나 혼자의 노력만으로 이 긍정성을 유지하긴 어렵습니다. 연인 혹은 부부 사이에서 자존감을 유지하려면 상대방이 따뜻한 눈빛으로 나를 바라봐 주어야 합니다. 내 약점에 대해서도 말이죠.

사연처럼 자존심이 상할까 두려워 속 이야기를 못 한다는 것은 이미 자존감이 떨어진 상태라는 뜻입니다. 상대방이 나를 따뜻하게 감싸 줄 거라는 신뢰가 없다는 거죠. 이런 상황에서 상처받은 자존감을 회복하는 방법은 이야기를 안 하는 것이 아니라 용기를 내서 고민을 솔직히 이야기하는 것입니다.

나를 솔직히 내보였을 때 상대방이 나를 위로하고 꼭 안아 주면 내 자존감이 올라가고 긍정성도 커집니다. 좋은 여자를 만났다는 확신도 생기고요. 그러면 불편을 감수하고 결혼할 에너지가 자연스럽게 찾아올 것입니다.

아무도 날 도와주지 않는데
나만 도와주는 게 억울해요

너무 친절한 당신,
용기를 가지고 '노(No)'를 외쳐라!

#받기만_하는_것도_버릇 #거절_공포 #세상_모두가_친구일_필요는_없다
#나의_거절도_받아들이는_한두_명이면_돼

전 36세 여성으로 독립심이 강합니다. 오지랖도 넓은 편이어서 사람들이 않는 소리를 하면 그냥 넘어가질 못하고 꼭 도움을 줘야 직성이 풀립니다. 그런데 상대방이 별로 고마워하지 않는 내색이면 괜히 도와줬다고 후회도 많이 하는 편입니다. 그래서 실컷 좋은 일 해주고도 사람들한테 상처를 참 많이 받는 것 같습니다. 왜 항상 나는 누굴 도와주기만 하는지, 다른 사람들은 날 도와주지 않는데 왜 나만 이러는지 가끔은 너무 억울하네요.

비슷한 고민을 하시는 분들이 뜻밖에 많습니다. 서로 주고받는 관심과 배려가 정확히 5대 5로 균일하다면 이런 문제가 생기지 않을 텐데 대부분의 관계는 더 주는 쪽과 더 받는 쪽으로 나누어지니까요. 누군가를 돕는 그 자체로 가치가 있다며 스스로를 설득해 보지만 사실 우리 마음은 그렇게 작동하지 않습니다. 도와준 만큼 상대방에 대한 기대가 커져서 고맙다는 말 한마디라도 듣고 싶은 게 인지상정이죠.

그런데 받는 쪽은 나름대로 받는 데 적응을 해버려서 상대방이 주는 것을 당연하게 여기기 쉽습니다. 그렇게 갈등이 시작되죠. 주는 쪽은 섭섭하고, 받는 쪽은 '너무 생색내는 것 아니냐, 언제 달라고 했냐'라고 반응하기 쉽습니다. 그러면 관계는 모르는 사이보다 못해지죠.

관계를 오래 유지하자면 주고받는 정도를 서로 맞추는 노력이 필요합니다. 독립심이 강하고 주는 것이 빠른 사람이라면 상대방도 나에게 줄 수 있게 기다리는 여유를 가져 보세요. 도움을 받는 쪽은 자신의 마음이 상대방의 호의를 당연하게만 받아들이는 게 아닌지 경계해야 하고요.

편치 않는 부탁을 계속 하는 친구가 있다면

영어로 '기브 앤드 테이크(Give and Take)'는 말 그대로 주고받는다는 뜻입니다. 공평한 조건에서 교환·협조라는 사전적 의미가 있습니다. 비즈니스에서 주로 쓰는 말이지만 '마음 비즈니스'에서도 기브 앤드 테이크는 중요합니다. 배려와 희생은 훌륭한 덕목이지만 그 행동들이 내 마음에 분노와 슬픔을 안겨 준다면 그 마음을 들여다 보세요. 주는 것에 비해 받는 것이 적다는 신호니까요.

보통 부탁을 잘하는 분과 거절을 잘 못하는 분이 짝을 이루는 경우가 흔합니다. "친구야, 넌 항상 너무 착하고 관대하지? 그러니 내 부탁 좀 들어줄래?"라고 이야기하면 거절 못하는 친구는 그 요청을 받아들일 수밖에 없죠. 거절하면 나는 못되고 편협한 사람이 되니까요.

그러나 진정한 친구라면 부탁하기 전에 고민할 겁니다. 이 부탁이 내 친구를 불편하게 하지는 않을까 하고요. 상대방 입장에서 기브 앤드 테이크를 고려하는 거죠.

편치 않은 요구를 계속 하는 친구는 좋은 친구가 아닙니다. 그리고 그 요구를 내가 계속 들어주고 있다면 거절에 대한 불안 때문이 아닌지 생각해 봐야 합니다. 거절에 대한 지나친 불안엔 세상 모든 사람과 좋은 관계를 유지하려는 욕구가 담겨 있으니까요.

좋은 관계를 위해 잘 거절하는 방법

좋은 관계를 가져야 행복하고 성공도 할 수 있다고 하지요. 실제로 하버드대 심리학과에서 72년이란 긴 시간 동안 700명이 넘는 사람들을 대상으로 행복에 대해 연구를 했더니 우리가 익히 알고 있는 결과가 나왔습니다. 좋은 관계가 행복과 성공의 가장 중요한 요소라는 거죠. 이 연구 결과를 한 일간지 연재 칼럼에 인용했더니 인터넷에 살짝 악플 냄새가 나는 댓글이 실렸는데 위트가 있어 웃을 수밖에 없었습니다.

"그걸 꼭 연구를 해 봐야 아냐. 하버드병에서 벗어나야 한다."

우리는 어렸을 때부터 인간관계의 중요성에 대해 교육을 받습니다. 어렸을 때 가장 중요한 관계는 부모와의 관계죠. 부모의 말을 잘 들으면 관계가 좋아지고 착한 아이라는 칭찬도 받을 수 있다고 배웁니다. 칭찬을 받으면 기분이 좋으니 상대가 원하는 것에 점점 더 민감하게 반응하게 됩니다.

이후 선생님과의 관계에서도 마찬가지입니다. 선생님이 원하는 것을 빨리 알아채면 모범생이라는 이야기를 듣고 기분 좋게 지낼 수 있습니다. 상대방의 요구를 잘 읽어 반응해 주고 상대방이 싫어하는 말을 하지 않으면 주변에 친구도 많아지죠.

내 마음보다 상대방의 요구에 잘 반응해 주는 데에는 상당한 심리적 보상이 있습니다. 착한 아이, 모범생, 나이스한 친구란 이야기를 들을 수 있는 겁니다. 내가 괜찮은 사람으로 주변에 인식되는 쾌감입니다.

그렇지만 너무 상대방의 의견에만 맞춰 살다 보면 정작 내가 원하는 것이 무엇인지를 이해하고 표현하는 게 어색해집니다. 거절을 잘 못하는 사람이 되는 것입니다. 거절은 단순히 상대방에게 부정적인 의견을 전달하는 소통이 아닙니다. 거절은 내가 어떤 사람인지를 상대방에게 보여주는 과정입니다. 나를 상대방에게 잘 보여주려면 우선 내가 어떤 사람인지 알아야겠죠. 그런데 좋은 사람이란 평가에 빠져 예스맨으로만 살다 보면 내가 누구인지 알게 될 기회를 놓칠 수 있습니다. 거절 없이 예스맨으로 산다는 것은 나보다 상대방 마음에 더 관심이 가 있는 상태이기 때문입니다.

좋은 관계가 행복과 성공을 가져온다고 했지요. 거절을 하지 않고 상대방에게 다 맞추어 주는 것이 좋은 관계는 아닐 것입니다. 예스맨으로 살다 보면 나에 대한 평판은 좋아질지 몰라도 정작 내 마음은 점점 답답하고 불편해집니다. 주변에 친구가 많아도 고독해지기도 하죠.

먼저 거절에 대한 잘못된 인식을 바꿔야 한다. 거절은 단지 상대방에게 "No"라고 이야기하는 것이 아니라 내가 누구인지 살펴보고 상대방에게 나를 알리는 소통이다. 그 소통 속에서 서로에 대한 이해가 깊어지면서 관계도 성숙해진다. 또한 거절에도 연습이 필요하다. 거절을 잘 못하는 사람일수록 난데없이 "No"를 외치는 경우가 많다. 『나는 왜 싫다는 말을 못 할까』(2016)에 소개된 효과적인 거절 팁 몇 가지를 살펴보자.

 # 이유와 함께 거절하기 : 내가 거절하는 이유를 설명하면서 거절의 뜻을 전한다.

 # 대안을 제시하면서 거절하기 : 상대방이 요청하는 것이 10이라면, 그것을 들어 줄 수는 없지만 5~6 정도 되는 대안을 제시하면서 거절한다. 상대방이 나에게 1시간 동안 대면회의를 요청했다면, 거절의 뜻을 밝히면서 "대신 꼭 필요하시다면 전화통화로 상의할 수 있습니다"라고 하듯 대안을 제시하는 것이다.

 # 관심이나 동의, 협조의 뜻을 보여 주면서 거절하기 : 상대방이 내게 요청한 사안에 나도 관심이 있어서 협조하고는 싶지만, 상황상 거절해야 할 때 사용할 수 있는 방식이다. "정말 하고는 싶은데 몇 가지만 조정해 주시면 가능할 것 같습니다"라는 식으로 말한다.

 # 감사의 뜻을 표현하면서 거절하기 : 들어줄 수 없는 강연 요청을 받을 때 많이 사용하는 표현이다. "제게 관심을 갖고 강연 요청을 해주셔서 감사합니다. 하지만 일정상 어렵겠네요"와 같이 거절의 뜻을 표현한다.

화가 나도 표현하지 못하고
바보같이 속앓이만

> 화가 난다면 그 이유를
> 구체적으로 표현해 보세요.

#분노는_찍어_누르면_커진다 #저_사람에게_분노할_가치가_있는가
#상처_없이는_분노할_수_없다 #화를_내야겠다면_구체적으로

저는 화나 짜증 같은 감정이 싫어요. 그래서 다른 사람과 갈등이 생겼을 때 잘 표현하지 못합니다. 그렇게 혼자 스트레스가 쌓이면 점점 상대가 거슬립니다. 종종 친구들과 스트레스를 받는 상황에 관해 이야기하는데, 그럴 때면 저 자신도 놀랄 만큼 어떤 사람에 대해 나쁘게 이야기하고 있는 제 모습을 발견합니다. 그 정도까진 아니었는데 화가 쌓여서 상황을 왜곡한다는 생각마저 듭니다. 필요 이상으로 속앓이를 했다는 생각도 들고요.

타인과의 관계에서 불편함을 느꼈을 때 이를 표현하는 방법을 알고 싶습니다.

화, 분노, 그 자체는 병적인 감정 반응이 절대 아니에요. 분노는 내 마음의 공격성과 연결되어 있습니다. 무언가 위협이 있을 때 분노 반응이 일어나면서 싸울 태세를 갖추게 됩니다. 남이 나를 때리는데도 화가 안 나면 공격성을 사용하기가 어렵겠죠. 분노는 나를 지키기 위해 공격 행동을 일으키는 감정 신호입니다. 분노해야 결투에서 승리할 수 있습니다.

그러나 현대사회에서는 직접적인 결투보다는 법 체계 같은 사회 시스템으로 개인 간의 갈등을 해결합니다. 따라서 분노를 함부로 드러냈다가는 이상한 사람이 돼 버립니다. 잘못하면 법적인 문제도 발생하고요. 그래서 분노가 생기면 두려움이 느껴지는 것입니다. 외부로 터져나와 이상한 행동으로 나타나면 어떡하지 하면서요.

화가 나는 내 감정을 먼저 지켜보기

분노는 상대방에 대한 공격입니다. 그래서 분노를 표현하면 관계는 일단 손상됩니다. 그렇다고 감정을 찍어 누르기만 하면 분노는 더 진하게 숙성되고 엉뚱한 데 화풀이하게 되죠. 결과적으로 나 자신에게 해가 되는 겁니다. 분노를 참으며 겉으로만 아무 일 없는 척 유지하는 관계도 좋을 리 없고요.

분노가 생기면 하루 정도는 표현하지 않고 내 감정을 지켜볼 필요가 있습니다. 과도한 공격 반응이 나오면 상대방뿐 아니라 나한테도 손해를 끼칠 수 있기 때문이죠. 어쩌면 내 마음 상태가 안 좋아 그냥 지나갈 일에 화를 낸 것일 수도 있습니다. 하루 잠만 제대로 못 자도 예민해질 수 있으니까요.

하루나 이틀 감정을 지켜보았는데도 상대방에 대한 분노가 지속된다면 고민을 해야 합니다. 저 사람에게 내 분노를 표현할 가치가 있는지를요. 타인에 대한 분노 표출은 나 자신도 다치게 합니다. 어찌 됐든 남을 공격하는 건 좋은 일은 아니니까요.

화를 내면 당장은 속이 시원할지 몰라도 조금 시간이 지나면 찜찜한 마음도 듭니다. 나도 상대방과 다를 바 없다는 생각이 들고요. 그 마음에서 벗어나기 위해 "저 사람은 욕먹어도 싸다"라며 상대방의 문제점을 더 합리화하게 되는데 이 또한 마음에는 부담이죠. 마음이 더 지치게 됩니다.

그래도 화를 내야겠다면 구체적으로

정리해 보지요. 일단 화가 나면 하루이틀 정도 지켜보고, 그래도 화가 지속되면 화를 낼 가치가 상대방에게 있는지 생각해 보세요. 누군가에게 분노를 표현하는 것은 내 마음도 다치게 하는 일이니, 그럴 가치가 없는 상대라면 그냥 멀리하는 것으로 분노를 표현하는 편이 낫습니다.

저쪽에서 나를 화나게 했는데 내가 반격하면 상대방은 오히려 마음이 편해질 수도 있습니다. 화를 낸다는 것은 어찌 됐든 성숙한 행동은 아니니 상대방은 내가 화를 낸 것으로 합리화하기 쉽죠. '너 그럴 줄 알았어' 하고요.

마음도 경영입니다. 행동하기 전에 내가 얻는 이득이 무엇인지 한 번쯤 예상하고 따져 볼 필요가 있어요.

화를 낼 가치가 있다면 최대한 구체적으로 상대방의 어떤 행동이 나를 속상하게 했는지를 말해야 합니다. 구체적으로 지적하지 않으면서 격분한 나머지 "넌 성격이 이상해" "넌 가망이 없어" "너희 집안은 왜 그러니" 이런 식으로 분노를 표현하면 관계는 개선될 수 없습니다. 마음의 상처만 더 커질 뿐이죠.

실제 사례를 들어 보겠습니다. 남자친구가 여자 후배들과 격 없이 지내는 것이 매우 싫었던 여성이 있습니다. 몇 번을 이야기해도 고쳐지지 않아 싸움이 잦아지고 이별 직전까지 간 상황이었는데요, 남자친구에게 막연하게 이야기하지 말고 종이에 구체적으로 두세 가지 문제를 적어서 이건 지켜 달라고 말해 보라 했습니다.

예를 들면 "일 때문에 만나는 건 어쩔 수 없지만 개인적인 만남은 하지 않기" 하는 식으로요. 그 여성은 제 말에 시큰둥한 반응이었지만 "어차피 헤어질 각오까지 했는데 밑져야 본전이라는 생각으로 한번 해보라"라고 권했습니다.

두 사람은 어떻게 됐을까요? 이후 관계가 좋아져 잘 지내고 있습니다. 그 여성은 "그렇게 여러 번 화를 냈는데도 내가 뭘 싫어하는지 모르고 있었고, 내 제안을 뜻밖에 쉽게 받아들여 놀랐다"라고 했습니다.

상대방에게 섭섭한 일을 이야기할 때 칭찬을 곁들이는 것도 좋습니다. "이런 점은 참 좋아. 그런데 이런 점이 나를 화나게 해"라는 식으로요. 그래야 상대방이 기분 좋게 동기를 부여할 수 있습니다. 나는 이미 좋은 사람인데 더 좋은 사람으로 나를 변화시킨다고 생각하게 되는 거지요.

그 사람을 있는 그대로
사랑하고 싶어요

어떤 '사랑'을 원하시나요?
사랑에는 여러 가지 모습이 있답니다.

#있는_그대로_사랑하고_싶다는_당신 #훌륭하다 #그러나_아쉽게도_방법은_없다
#사랑의_삼각형_이론 #자유와_속박_사이에서

30대 직장 여성입니다. 누군가를 알게 되고 함께하는 시간이 길어질
수록 그 사람을 더 이해해 주고 소중히 여겨 주고 싶은데, 어찌된 일인지 갈수록
불만이 커집니다. 예를 들어 제 남자친구는 대학에 늦게 입학해서 30세인 지금
도 학생입니다. 그런데 무리해서 차를 사겠다네요. 저는 그게 사치라고 생각해
요. 대놓고 사지 말라고는 안 하지만 시큰둥하게 반응했습니다. 남자친구가 차
살 돈을 달라고 하는 것도 아닌데도요. 남자친구가 검소하면 좋겠다는 생각을
하는 거죠. 있는 그대로 그 사람을 사랑하면서 관계가 깊어지는 방법이 없을까
요? 상대방의 마음을 더 잘 이해하는 방법은 뭘까요?

인간관계에서 갈등이 존재한다는 건 그만큼 둘 사이가 가깝다는 증거입니다. 동호회를 예로 들어 볼까요. 동호회는 같은 취미를 가진 사람의 모임이죠. 와인 동호회는 함께 모여 와인을 마십니다. 와인에 대한 의견을 나누고 공유하면서 지식을 늘리죠. 동호회 활동은 혼자 놀이가 아닌 함께하는 놀이이기에 사회적 일체감을 얻고자 하는 욕구도 어느 정도 충족됩니다.

동호회의 강점은 목적이 뚜렷하다는 것입니다. 사람은 모두 달라서 갈등 요소가 있지만 동호회는 취미라는 공통점이 있어서 갈등이 적고 즐겁죠. 저 사람의 성격이 나랑 좀 안 맞고 사회·경제적 환경이 다르다고 해도 크게 문제될 것이 없습니다.

그런데 만난 횟수가 늘어나고 취미 활동을 넘어 좀 더 서로에게 관심을 두는 끈끈한 관계로 발전하면 오히려 갈등이 생기기 일쑤입니다. 상대방에 대한 기대치가 올라가기 때문입니다. 와인보다 사람이 중요해지는 거죠. '저 사람이 싫으니 와인도 맛이 없다.' 이런 지경이 되면 동호회가 깨지기까지 합니다. 동호회도 이러니 연인이나 부부관계에서 갈등이 존재하는 것은 당연한 일입니다.

이 사연 속 남자친구는 전생에 나라를 구했나 하는 생각이 드네요. 갈등이 있으면 헤어지느냐 마느냐를 고민하는 게 보통인데, 여자분은 있는 그대로 그 사람을 사랑하고 싶다고 하시니 말이죠. 남자친구가 부럽습니다. 그런데 있는 그대로 그 사람을 사랑하면서 관계가 깊어지는 방법은, 아쉽게도 없습니다.

상대방을 있는 그대로 내 안으로 받아들이기 위해선 내 마음이

텅 비어 있어야 하는데 그런 마음은 없으니까요. 성격이란 마음을 채우고 있는 내용물이죠. 모든 사람은 다릅니다. 성격이 다 다르죠. 비슷한 성격은 있을지라도 같을 순 없습니다.

사람들은 자기 성격대로 살고 싶어 합니다. 그래서 자유를 원하죠. 조직생활이 갑갑한 것은 내 성격을 죽이고 조직이 원하는 캐릭터에 맞추어야 하기 때문입니다.

그런데 사람은 자유를 원하면서 동시에 친밀감을 원합니다. 누군가와 하나 된 느낌일 때 심리적 만족감을 얻죠. 문제는 자유와 친밀감은 공존하기 어려운 녀석들이라는 겁니다. 누군가와 가까워질수록 서로의 자유를 속박할 수밖에 없습니다.

사랑이란 것, 참 어렵다

사랑이란 감정은 초기에 강력한 이타적 특징을 갖습니다. 나를 비우고 상대방을 채우려 하는데, 여기서 극단적 친밀감이라는 황홀을 경험합니다. 누군가와 완벽한 하나가 된 느낌, 세상이 내 것 같습니다. 그러나 이내 갈등이 생깁니다. 친밀감이 클수록 두 성격이 부딪치는 충격도 큽니다. 너무 가까워졌기 때문이죠.

누군가를 사랑할 때는 자유가 억압되어 갈등이 생깁니다. 완벽한 자유를 얻고자 한다면 사랑이란 친밀감은 희생해야 하고요. 사랑이란 그놈, 참 어렵습니다.

사랑의 삼각형 이론이 있습니다. 사랑을 친밀감, 열정, 책임감으로 나누어 생각해 보는 모델인데요, 친밀감은 가까움, 연결감, 유대감을 의미하죠. 열정은 로맨스, 신체적 매력, 성적 황홀감 등과 관련이 있습니다. 책임감은 사랑을 유지하겠다는 결정과 헌신을 나타내고요.

남녀관계에서 우정을 느낀다면 친밀감은 있으나 열정, 헌신은 떨어지겠죠. 눈먼 사랑은 뭘까요. 열정적인 사랑만 있는 경우입니다. 공허한 사랑은 서로 간에 헌신만이 존재할 때입니다. 친밀감과 헌신이 큰 사랑을 우애적 사랑이라고 합니다. 부모의 자식 사랑이 여기에 해당합니다.

그런데 뇌 연구를 보면 남녀 사랑, 자식 사랑을 담당하는 뇌의 영역은 다르지 않습니다. 생물학적으로 보면 다 똑같은 사랑인 거죠. 단지 특성이 다를 뿐입니다. 열정은 없으나 가장 헌신적이고 친밀한 사랑이 부모 자식 간의 사랑입니다. 부부도 친밀감이 높을수록 만족스러운 결혼을 유지한다고 하니 연인 사이든 부부 사이든 갈등이 있을 때 상대방을 아들이나 딸로 여기면 어떨까 싶네요.

제일 얼빠진 사랑이 열정과 헌신만 있는 경우라 합니다. 열정적인 사랑은 영 좋지 않은 걸로 분류되는군요. 그러나 그만큼 중독적이고 최상의 쾌감을 주는 것이 열정적 사랑, 그놈입니다.

너무 진지한 것도
병인가요?

가벼운 사람보다는
진지한 사람이 낫지 않습니까.

#나도_모르던_진심이_농담 #진지한_건_좋으나 #안_힘들어요?
#소중한_사람에게_진지_에너지를_몰아_줍시다

대학원에서 공부하는 20대 후반 여성입니다. 저는 학창 시절 왕따를
당한 적이 있습니다. 그 트라우마 때문에 사람 사귀는 게 무서워서 줄곧 피하기
만 하다가 조금씩 노력하기 시작했죠. 두려움을 없애기 위해 제 나름대로 생각
해낸 방법이 상대의 말을 잘 들어 주는 것이었습니다.

그런데 상대의 이야기를 들어 주면서 공감하고 제 마음에서 우러나오는 진심
어린 모습을 보이면 "넌 농담과 진담을 구분하지 못한다" "농담한 건데 뭐 그리
정색해?"라는 말을 들을 때가 있습니다. 그런 말을 들으면 당혹스럽습니다. 특히
제가 진지하게 한 말에 사람들이 박장대소하며 웃으면 더더욱 그렇고요. 왜 웃

냐고 물어보면 제가 하는 말이 "웃기다"라고 하더라고요. 그럴 때마다 무척 화가 납니다. 그렇게 웃는 사람들이 예의 없다는 생각이 들어요.

나는 진지하게 말하는데 상대방이 "농담에 뭐 그렇게 정색을 하냐"라고 반응하면 당연히 기분 나쁠 수밖에 없습니다. 사실 농담과 진담은 그렇게 확연하게 구분되지 않아요. 농담이 더 깊은 진담일 수 있기 때문에 기분이 더 안 좋을 수도 있는 것입니다.

농담의 사전적 정의는 '실없이 놀리거나 장난으로 하는 말'입니다. 정의로만 보면 좋은 소통법이 아니죠. 그러나 실제 우리가 나누는 대화에는 농담의 비중이 상당합니다. 중요한 결정을 내려야 하는 비즈니스 미팅이나 국가 정상회담에서도 농담을 합니다. 가벼운 농담은 분위기를 풀어 주니까요. 중요한 결정을 앞두고 상대방의 마음을 슬쩍 떠보거나 내 마음 일부를 드러내는 데도 활용됩니다.

그러니 농담이 농담만은 아니죠. 진담보다 더 진한 게 농담이 될 수 있습니다.

이적, 김동률 씨가 함께한 카니발이라는 그룹 노래 중에 〈농담〉이라는 곡이 있습니다. 다음은 그 노래 가사 일부입니다. "나를 휘저었죠 / 나는 흔들렸죠 / 헛된 상상들은 자꾸 넘쳐만 갔었죠 / 하지만 누굴 탓할까요 / 내가 바보였죠 / 그냥 흘러가는 말에 휩쓸렸죠, 그랬죠 / 웃어 볼까요, 조금 낫나요 / 그저 웃으면 좋은 추억이죠." 우린 농담을 가볍게 여기지만 이 노래 가사를 보면 전혀 가볍지가 않네요.

우리를 당황하게 하는 농담 같지 않은 농담

실제 대화에서도 농담이 농담만은 아닌 경우가 많죠. 연인관계를 예로 들어 볼까요. 둘 사이에 진도가 잘 나가고 있다고 생각하며 결혼계획까지 세우고 있는 남자에게 어느 화창한 가을날, 여자친구가 툭 이런 말을 던집니다. "우리 그만 만날까?" 남자는 깜짝 놀라 "뭐라고?" 되묻습니다. 여자친구는 "아니야. 못 들었으면 됐어. 그냥 날씨가 너무 좋아서 쓸데없는 농담을 했어"라고 합니다. 데이트를 마치고 집에 오니 남자의 귀에 여자가 한 말이 환청처럼 웅웅거립니다. 농담이 농담이 아니게 된 거죠.

정신분석의 창시자로 불리는 프로이트도 농담에 관심을 기울였습니다. 그는 농담에는 꿈만큼 사람의 무의식이 포함되어 있다고 말했습니다. 사람의 무의식이 사회적으로 표현되는 형태가 농담이라는 겁니다. 농담엔 내 마음도 모르는 진실이 담겨 있을 수 있다는 거죠.

앞의 예로 돌아가면 화창한 가을 하늘이 주는 자유로움이 내 마음을 억누르고 있던 억압이란 방어기제를 잠시 느슨하게 하면서 마음 한구석에 있던 헤어짐이란 생각이 툭 언어로 표현된 겁니다. 이럴 땐 그 말을 한 당사자도 당황할 수 있습니다. 그때 제일 좋은 피신처가 농담이죠. "그냥 농담이야"라고 변명하는 겁니다. 하지만 세상에 "우리 그만 만날까?"란 농담은 없겠죠.

때론 진실을 포장할 박스로 농담을 활용하기도 합니다. 의도적인 농담이라고 할 수 있겠네요. 대놓고 "이건 내 생각이야"라고 하면 말에 책임을 져야 하는 데다 상대방이 강하게 반응할 수 있으니, 권투로 치면 슬쩍 잽을 한번 날려 상대방의 반응을 보는 겁니다. 농담에 반응이 거세다 싶으면 본격적인 논의에 시간이 더 필요하겠다고 판단하고요.

가벼운 관계에선 가벼운 대화를

사연으로 돌아가 볼까요. 학창 시절 왕따를 경험한 후 사람에 대한 두려움을 극복하기 위해 모든 대화에 진지하게 임하려고 노력하는 분이시네요. 이런 노력에도 불구하고 사람들이 농담에 뭘 그렇게 진지하게 반응하냐고 해 속상하다고 하셨지요.

인간관계의 상당 부분은 대화를 통해 이루어집니다. 대화를 항상 진지하게 한다는 것은 인간관계 전체를 진지하게 유지하려 한다는 것이죠. 매우 훌륭한 자세입니다. 학창 시절에 어려움을 겪으면 다른 관계에서도 숨고 좌절하기 쉬운데, 그 아픔을 승화해 더 진지한 인간관계를 맺고자 노력한다는 것은 결코 쉬운 일이 아니죠. 가치 있는 훌륭한 삶의 자세입니다.

다만 한 가지 염려는 스스로 지치지 않을까 하는 겁니다. 남의 말을 진지하게 경청하고 공감하는 데엔 상당한 뇌의 에너지가 소비됩니다. 상대방도 내 이야기에 같은 강도로 공감해 준다면 서로 비슷한 에너지를 주고받으며 균형을 맞출 수 있습니다. 하지만 그런 경우는 드물죠. 진지한 쪽의 에너지가 더 소진되기 쉽습니다.

더욱이 진지함을 피곤하게 느끼는 사회다 보니 사람들이 가벼운 재미 정도만 좇는 것이 현실입니다. 진지한 콘텐츠보다는 재미있는 콘텐츠가 인기죠. 그래서 진지한 사람이 관계 에너지 면에서 손해를 많이 볼 수 있습니다.

진지함의 정도를 조절하실 필요가 있습니다. 정말 속내를 터놓고 이야기를 나눌 친구는 누구인지 먼저 생각해 보세요. 한 명이어도 좋습니다. 최대치의 진지한 대화는 그 친구와 나누는 겁니다. 진지한 대화까지는 아니어도 가볍게 대화할 수 있는 친구들은 누구인지도 생각해 보세요. 그 친구들과는 그 정도의 대화만 나누세요.

매일 헤어지기 싫을 정도로 사랑해 결혼한 부부도 갈등이 있고 내 배에서 나온 자녀도 나랑 잘 맞지 않아 속상한데 하물며 세상에서 맺어지는 관계 하나하나가 다 진지할 순 없겠죠.

소중한 사람에겐 더 집중하고 그보다 가벼운 관계에서는 가벼운 기쁨을 즐기는 유연성이 필요합니다. 그러다 보면 때론 가벼운 관계에서 오히려 진지한 위로를 받을 수도 있습니다. 날 잘 모르는 사람 앞에서 의외로 솔직할 용기가 생기기도 하거든요.

고부갈등에
새우등이 터질 지경입니다

아내 편들다가
어머니에 붙었다가, 박쥐가 되세요

#내_앞에_있는_여자의_편에_서라 #섣부른_중립_따위_넣어둬
#집안일에_판사는_필요없다 #고부갈등 #장서갈등
#고부갈등이_심한_사회에서_여성의_위치란

결혼 15년차 두 딸의 아빠입니다. 예쁜 아이들, 헌신적인 아내, 게다가 장모의 사랑까지 넘쳐 다들 저를 부러워하는데, 그런 저에게 딱 하나 문제가 있습니다. 바로 고부갈등입니다. 처음엔 아내와 어머니가 모녀처럼 아주 잘 지냈습니다. 그런데 점점 충돌이 잦더니 이젠 아주 사이가 틀어져 버렸어요. 며칠 전에도 아내가 속사포 문자로 어머니에게 속상했던 일을 얘기하는데, 세상에, 끝도 없더군요.

아내한테 어머니가 사시면 얼마나 사시겠냐고, 나이 들어 노여움이 많아지신 거니 좀 참자고 하면 버럭 화부터 냅니다. 왜 맨날 본인한테만 참으라고 하냐면서요. 어머니에게 아내가 잘하려고 노력하니 칭찬 좀 해달라고 하면 역시 역정부터 내십니다. 기껏 아들 키워 놨더니 아내 편만 든다면서요.

중간에서 저는 뭘 어떻게 해야 할까요. 아내와 어머니는 대체 왜 앙숙이 된 걸까요?

최근의 연구를 먼저 소개하겠습니다. 미시간 대학 사회연구소 테리 오부흐(Terri L. Orbuch) 박사는 고부관계와 장서관계에 관한 추적 연구를 했습니다. 결혼한 지 1년이 채 안 된 신혼부부 373쌍을 대상으로, 남편에게는 장인·장모, 아내에게는 시부모와 얼마나 가까운지를 묻고 그 정도를 정량화했습니다. 그리고 16년 후 부부관계를 평가했습니다.

결과는 어땠을까요? 신혼 시절 장인·장모와 가깝다고 얘기한 남편들은 이후 16년 동안 이혼 위험률이 다른 남편들에 비해 20% 낮았습니다. 그런데 시어머니와 가깝다고 한 아내는 같은 기간 이혼 위험률이 오히려 20% 더 높았습니다. 결혼 초기에 시어머니와 며느리 사이가 가까우면 시간이 지날수록 간섭이 심해지고 이게 갈등으로 이어져 부부 사이에 안 좋은 영향을 끼친 것입니다.

남성과 여성에게 다른 결과가 나타난 것은 정체성 문제와 관련이 있습니다. 여성은 엄마나 아내라는 정체성을 매우 중요하게 생각하지만 남성에게 아빠나 남편이라는 정체성은 부수적일 뿐이죠. 남성은 사회적 지위를 더 중요한 정체성으로 여기니까요.

예컨대 미역을 볶지 않고 미역국을 끓이는 며느리에게 시어머니가 미리 볶아야 고소하고 맛있다고 한다고 칩시다. 대부분의 며느리는 이걸 정보로 받아들이지 않고 본인의 독립적 정체성을 침범하는 공격으로 느낍니다.

서울시와 한 여성포털이 며느리 3,235명을 대상으로 시어머니 스트레스 요인을 물었더니 1위가 살림에 대한 지나친 간섭과 잔소리(28%)였습니다. 4위는 자녀출산과 육아에 대한 간섭(16%)이었고요.

요즘은 요리를 즐기는 남성이 꽤 많죠. 만약 장모가 미역국 끓이는 방법을 말해 주면 남자는 정체성을 공격받는다고 여기기는커녕 좋은 정보를 얻었다고 감사해할 겁니다.

하여간 결혼 초 아내와 시어머니가 친했다면 오히려 결혼 생활의 위험 요인이 될 수 있다니, 고부관계는 정말이지 간단한 1차 방정식으로 풀 문제가 아니네요.

원칙은 하나, 내 앞에 있는 여자를 행복하게 하라

먼저 아내 입장에서 생각해 보죠. 한 결혼정보 회사가 여성 300명에게 물었습니다. 고부갈등을 겪을 때 원하는 남편의 모습은 무엇일까요? 결과는 '내 편 들어 주는 남편'이 1위(71%)였고, '중립을 지키는 남편'은 고작 27%였습니다.

답은 명확합니다. 중재자가 되어서는 안 되고, 내 앞에 있는 여자의 편에 서야 합니다. 고부관계는 한 남자를 사이에 둔 두 여인의 갈등이기도 하고, 엄마와 아내라는 정체성을 건 자존심 싸움이기도 합니다. 남자가 아무리 중재를 하려고 해도 잘될 수가 없습니다. 갈등이 더 커지거나 하지요.

그럼 박쥐처럼 여기 붙었다 저기 붙었다 하라는 말이냐고요? 네! 정확히요! 중재해 볼 생각은 하지도 마세요. 아내와 이야기할 때는 아내 편을, 어머니와 이야기할 때는 어머니 편을 들어야 합니다.

물론 박쥐 노릇이 쉽지는 않습니다만, 그게 상대방에 대한 배려입니다. 어차피 중재도 힘든데 기왕 힘들 거라면 좀 더 효과적인 방법으로 애를 쓰는 게 좋지 않을까요?

고부갈등이 심한 사회, 장서갈등이 심한 사회가 따로 있다?

고부갈등은 서양에도 있습니다. 고부갈등의 깊은 무의식엔 엄마와 아들 사이에 끊어지지 않는 강력한 감정적 연결이 있습니다. 프로이트가 심리 발달 단계에서 언급한 오이디푸스 콤플렉스도 남자아이가 엄마를 여성으로서 사랑하는 상징을 담고 있죠. 서양의 모자관계도 우리와 비슷하게 긴밀합니다.

장서갈등도 마찬가지로 서양에만 있는 게 아닙니다. 우리나라에서도 점점 늘고 있는 추세지요. '한국남성의전화'에 걸려오는 상담 내용의 10%가 장서갈등 문제라고 하네요. 장서갈등이 이혼으로 이어지는 경우도 늘고 있고요.

그래도 고부갈등은 확실히 한국에서 더 심하죠. 고부갈등이 심한 사회는 여성 자신의 이름 석 자보다 가정이라는 집단에서 엄마나 아내라는 정체성이 더 중요한 사회, 그리고 남아선호가 강한 사회입니다. 한국뿐이 아니라 대개 그렇습니다.

최근 한국에서 장서갈등이 느는 것은 그만큼 여성의 파워가 세지고 있다는 증거입니다. 아들만큼이나 딸도 중요하고, 가정에서 엄마 역시 조용한 조력자를 넘어 힘을 갖게 된 거죠. 그러고 보면 장서갈등은 양성평등 사회로 가는 길에서 겪어야 할 변화일 겁니다.

이렇듯 고부갈등이나 장서갈등은 동양이나 서양의 특징이라기보다는 개인주의가 보편화한 사회인가, 아니면 집단주의가 더 중요시되는 사회인가에 더 영향을 받습니다.

그런데 솔직히 전 너무 심하지 않다는 전제하에 귀여운 고부갈등이 계속 남아 있었으면 좋겠습니다. 고부갈등엔 집단주의에 근거한 가족애가 담겨 있으니까요. 집단주의는 나 자신보다 내가 속한 그룹을 더 중요하게 여기는 마음인데요, 고부갈등이 완전히 없어지려면 결혼한 아들은 정서적으로 남이 돼야 합니다. 완전히 독립한 하나의 개인이 되는 거죠. '너는 너, 나는 나'인 개인주의라 할 수 있습니다. 이게 잘 안 되니 고부갈등이 생기는 거고요.

세상일이 그렇듯이 극단적이어서 좋을 건 없습니다. 따뜻한 가정이라는 그룹 안에서 개인의 개성을 인정해 주면 참 좋을 텐데 말이죠.

차가운 시어머니,
얼굴만 봐도 심장이 뛰어요

> 시어머니에게는 적절한 아부와
> 현금봉투가 정답입니다.

#맥락소통 #권력자의_소통법 #시어머니의_보상심리
#시월드라는_회사의_신입사원이_되기 #차라리_한_발_먼저_선수_치기

저는 백화점 기획 파트에서 근무 중인 30대 중반 기혼 여성입니다. 결혼할 때 친정 형편이 어려워서인지 시어머니가 반대하셨습니다. 어찌어찌 결혼 후 시댁에서 시부모님과 함께 살았는데 직장생활하랴, 시어머니 눈치 보랴 너무 힘들었습니다. 그러다 아들이 초등학교 입학할 무렵 어렵사리 분가를 했습니다. 전보다 편하긴 한데 아직도 시어머니 전화를 받거나, 집안 행사 때 시어머니 얼굴을 보면 심장이 뛰고 정신이 아득해집니다. 저는 나름대로 시어머니에게 잘한다고 하는데 좋은 소리 한 번 못 듣습니다. 남편에게 하소연해도 들은 척도 안 하고 "네가 알아서 해라"라는 식입니다. 정말 어찌해야 할지 모르겠습니다.

이런, 사연 주신 분의 증세는 화병이신 것 같습니다. 화병은 우리말 발음 'hwa-byung' 그대로 미국정신과협회에 문화관련증후군(culture-bound syndrome)으로 등록된 스트레스 장애입니다.

문화관련증후군이란 그 나라의 독특한 문화심리적 특성을 반영했다는 뜻입니다. 화병은 우리나라의 특성을 반영한 장애라는 말이지요.

화병을 앓는 전형적인 주인공은 시집살이하는 며느리입니다. 시집살이의 한(恨)이랄까요. 서운함과 억울함을 표출하지 못해 분노에너지가 차오르다 보니 속상한 마음이 몸 밖으로 드러나 두통과 소화장애, 심장 두근거림, 수면장애 등을 두드러지게 겪습니다.

어르신들은 "요즘 시집살이가 무슨 시집살이냐. 오히려 우리가 며느리살이한다"라고 말씀하시지만 이른바 '시월드', 즉 며느리들의 시집살이 고통은 여전합니다. 과거에는 다 알면서도 쉬쉬하는 금기의 콘텐츠였지만 이제는 시어머니와 며느리가 함께 텔레비전 프로그램에 나와 막말 수준으로까지 드러내 놓고 얘기를 한다는 게 달라진 점이겠죠.

한번은 "바쁘면 내려오지 말거라"라는 주제를 놓고 진행한 텔레비전 토크쇼의 패널로 참여한 적이 있습니다. 문자 그대로 해석하면 시어머니가 직장생활 하는 바쁜 며느리에게 "명절 때 바쁘면 시집에 굳이 오지 마라"라는 공감 멘트입니다. 문제는 며느리가 이를 곧이곧대로 들어서 시월드의 미움을 사는 거죠.

시어머니는 맥락소통을 사용한다

커뮤니케이션에는 두 종류가 있습니다. 하나는 문자 그대로의 소통이고, 다른 하나는 맥락을 읽는 소통입니다. 권력자일수록 맥락소통을 즐겨 사용합니다. 회사 대표인 '씨'이오(CEO)와 시월드의 대표 '시'어머니는 공통점이 많습니다. 그중 하나가 맥락소통을 즐겨 사용한다는 겁니다.

회사에 업무적으로 손해를 끼친 김 부장이 있다고 칩시다. CEO의 호출을 받고 혼날 각오를 합니다. 그런데 예상 외로 CEO의 첫마디는 "오늘 바빠?"입니다. 김 부장은 마침 오랜만에 친한 친구와 약속이 있었습니다. 본인이 회사 사정으로 여러 번 미뤄서 오늘 또 미룰 수 없는 상황입니다. 그런데도 "네, 선약 있습니다"란 말이 목구멍까지 나오는 걸 꾹 참고는 "선약이 있습니다만 취소하겠습니다"라고 말합니다.

CEO의 얼굴이 밝아지며 이렇게 말하겠죠. "오늘 거래처 김 사장과 약속이 있는데 같이 가자고. 아, 그리고 김 부장 관련 보고가 올라왔는데 다음부터는 이런 실수하지 말고."

김 부장이 "바쁩니다"라고 대답했으면 어떻게 됐을까요? 아마 야단맞느라 진짜 바빠졌을 겁니다.

CEO와 시어머니가 맥락소통을 즐겨 사용하는 심리는 뭘까요? 그간 자신이 조직을 위해 희생한 대가를 심리적으로 보상받으려는 겁니다. 좀 더 쉽게 설명해 보죠.

"아무리 바빠도 이번 명절에는 꼭 내려와"라는 명령에 어쩔 수 없이 내려온 며느리보다는 "바쁘면 내려오지 마라"라고 말했는데도 "며느리 된 도리로 그럴 수 없죠"라며 내려온 며느리의 행동이 시어머니에게 훨씬 큰 감성 보상을 줍니다.

옆구리 찔러 절 받기는 감동이 적죠. 알아서 해줘야 감동이 큽니다. 회사나 가정에서 이런 맥락소통을 잘 이해하지 못하는 직원이나

며느리는 인정받고 승진하기 어렵습니다.

'자리가 사람을 만든다'는 말이 있죠. 누구든 CEO나 시어머니가 되면 개인보다 조직을 우선하게 됩니다. 시어머니에게 있어 며느리는 가족이라는 조직을 더 번성하게 하고 발전시키는 역할을 담당할 부하직원입니다. 그렇다면 아들은? 그 조직의 소중한 상품이죠.

"나는 너를 딸처럼 생각한다"라는 시어머니의 발언은 주인의식을 가지라는 CEO의 요구와 같습니다. 맥락적으로 해석한다면 "너는 이제 이곳을 네 조직이라 생각하고 소중한 상품인 네 남편의 번영을 위해 노력하고 희생해라. 그리고 이 조직의 지속경영을 위해 차세대 상품인 손주를 생산하라"라는 내용이 아닐까 싶습니다.

화병은 학습효과가 있습니다. 시어머니의 부하직원으로서 경영수업을 받는 며느리는 자식이 커가면서 CEO로서의 면모를 갖추어 갑니다. 시어머니를 닮아가는 것이죠.

시어머니의 보상심리를 채워 드리세요

CEO와 시어머니는 부하직원의 희생만 강요하는 게 아닙니다. 스스로 자신과 조직을 동일시하고 개인적인 감성을 희생합니다. 그리고 희생한 만큼 보상심리도 커지죠.

회식은 직원들의 감성 스트레스를 풀어 주는 자리여야 합니다. 그러나 설문조사를 하면 직원에게 스트레스를 주는 상위 요소에 회식이 빠지지 않고 오릅니다. 회식이 일보다 더 스트레스라는 사람도 많습니다.

왜일까요? 회식이란 회식에는 전부 참석하는 CEO가 있습니다. 누구보다 바쁘지만 자신이 직원에게 술 한잔 따라 주며 직접 위로해야 한다는 사명감 때문이라면서요. 그러나 회식에 참석하는 CEO의 심리에는 자신이 정상에 오르기까지 감수한 고생을 보상받고자 하는 마음이 꽉 차 있습니다.

일만 열심히 하는 부하직원보다 회식에서 CEO의 기분에 맞춰 고급 아부를 잘 날리는 직원이 더 사랑받고 승진하는 경우가 허다하죠. 그리고 이런 사람이 좋은 성과를 올리는 경우가 많습니다. 일이라는 게 CEO가 믿고 끌어 주면 더 잘 진행되기 때문입니다.

시어머니에게 명절이나 생일 같은 가족 행사는 회식과 비슷한 겁니다. 명절날 고운 한복을 멋스럽게 차려입고 계신 시어머니. 며느리는 '왜 불편하게 저러고 있나' 싶겠지만 시어머니 입장은 다릅니다. 자신이 여주인공으로서 그간의 희생을 보상받는 자리이니만큼 최대한 멋을 낸 겁니다. 이때 "어머니, 차례도 다 지냈는데 편하게 갈아 입으세요"라고 말하면 며느리는 좋은 말 하고도 미움받는 거죠.

며느리 힘들다며 혼자 음식을 다 하고는 식사 마칠 때쯤 "손에 신경통 생겼다" 하시는 시어머니한테 "어머니 죄송해요. 다음부터 저희가 할게요. 이제 쉬세요"라고 말해 보세요. 시어머니 얼굴이 더 굳을 겁니다.

이럴 땐 현금이 든 흰 봉투가 정답입니다. "어머니 너무 고생 많으셨어요. 변변치 않지만 여기……. 앞으로도 저희 많이 보살펴 주세요"라는 말도 필요하겠죠.

시월드 화병의 원인은 소통장애입니다. 시어머니 말씀을 문자소통으로 받아들인 며느리와 맥락소통을 하려 한 시어머니가 마찰을 일으킨 감성 문제란 얘기입니다. 시월드와의 마찰은 앞으로도 없어지지 않을 것입니다. 피할 수 없다면 적극적으로 반응하는 게 최선이죠. 한발 빠르게 시어머니의 희생에 감사하는 것이 효율적인 시월드 대응 전략입니다.

마음이 섬세한 분들이 종종 자신은 마음이 너무 약해 문제라며 고민합니다. 그러나 섬세함의 반대말은 강함이 아니라 무뚝뚝함입니다.

마음이 섬세한 분들은 감정 변화를 예민하게 느끼다 보니 차라리 무뚝뚝해졌으면 좋겠다고도 이야기하지요. 하지만 저한테 선택하라면 조금 불편하더라도 나와 내 삶을 세세하게 느끼게 해주는 섬세한 감성을 망설임 없이 택할 것입니다.

우울, 분노, 불안 같은 힘든 느낌들은 비정상적인 감정 신호가 아닙니다. 하나하나 다 소중한 신호죠. 그런데 긍정적인 감정만을 너무 선호하고 그런 감정을 느끼는 순간만을 행복으로 여기다 보니 조금은 어려운 감정들을 즐길 여유가 없어진 것 같습니다.

희로애락이 섞인 영화가 감동을 주듯이 내 삶의 모든 감정들도 소중한 내 인생의 콘텐츠라는 걸 잊지 마세요.

4장 감정

이런 나,
비정상인가요?

봄만 되면 울렁이는
이 마음을 어떡하죠?

인생 뭐 대단한가요.
그냥 이 봄의 울렁거림을 즐겨 보세요.

#울렁이지_않는_뇌는_전투_상태 #미안하지만_인생이란_원래_쓸쓸하고_허무하다
#삶의_본질을_받아들이는_용기 #일_년에_한_번_울렁거려도_좋잖아

전 30대 초반 여성입니다. 겨울에는 별로 이러지 않는데 봄만 되면 마음이 울렁거리고 기분이 좋았다가도 금방 푹 가라앉으면서 널을 뛰어요. 파란 하늘을 보면 눈물도 나고요.

여자는 봄을 많이 탄다는데 저도 봄 우울증이나 조울증일까요? 이런 마음을 어떻게 다잡죠?

좋아하는 봄 노래가 있나요? 귀에 익숙한, 가수 로이킴의 〈봄봄봄〉이란 노래가 떠오르네요.

"다시 봄봄봄 봄이 왔네요 / 그대 없었던 내 가슴 시렸던 겨울을 지나 / 또 벚꽃 잎이 피어나듯이 다시 이 벤치에 앉아 추억을 그려 보네요 / 사랑하다 보면 무뎌질 때도 있지만 그 시간마저 사랑이란 걸 이제 알았소"

버스커버스커가 노래한 봄 노래도 있죠. 봄만 되면 인기 순위권에 진입해 '봄 캐럴'이라고도 불립니다. 이 노래는 "그대여 그대여"라는 가사로 시작합니다.

"봄바람 휘날리며 / 흩날리는 벚꽃 잎이 / 울려 퍼질 이 거리를 둘이 걸어요 / 바람 불면 울렁이는 기분 탓에 나도 모르게 / 바람 불면 저편에서 그대여 네 모습이 자꾸 겹쳐"

노래 제목은 아시다시피 〈벚꽃 엔딩〉입니다. 봄을 노래하면서 '엔딩'이라니, 따스함과 슬픔이 겹치는 느낌이죠?

두 노래 모두 화사한 봄을 노래하긴 하는데 듣다 보면 구슬픈 기분이 든다는 공통점이 있습니다. 두 곡 모두 벚꽃이 등장하기도 하고요. 벚꽃은 피고 지는 과정이 우리 삶과 무척 닮았다고들 하죠. 우리가 젊은 한순간을 정점으로 했다가 서서히 늙어가듯, 벚꽃도 화려하게 만개해서 모두의 눈길을 사로잡고는 쓸쓸하게 집니다.

절세미인이란 꽃말을 가진 벚꽃. 화려한 만큼 시들어 가는 슬픔을 동시에 느끼게 합니다. 인생, 봄, 그리고 벚꽃의 느낌이 비슷하지 않나 싶네요.

봄 안 타는 뇌는 '전투 상태'

계절성 우울은 겨울에 가장 많이 생깁니다. 추운 날씨에 뇌가 긴장해 피로를 느끼고 불안·우울·불면증이 생기거든요. '어, 아닌데? 왠지 봄에 더 울렁거리던데?' 하시는 분 계시려나요. 겨울의 우울과 봄의 울렁거림은 비슷한 듯 다른 느낌입니다.

봄의 울렁거림은 뇌의 감성 예민도라고 할까요. 감수성이 증가하면서 일어나는 현상입니다. 그래서 봄은 사람들이 감성적이 되어 섬

살랑이는 봄바람에
몸도 마음도 살랑살랑♪

세한 시인이 되는 계절이죠. 추억의 장소에 가면 과거 로맨스가 떠오르고, 파란 하늘을 바라볼 때 상큼한 느낌이 들면서도 갑자기 눈물이 맺히기도 합니다.

봄에 해야 할 취미 활동은 그런 의미에서 단연 봄의 울렁거림을 즐기는 겁니다. '난 봄이 왔는지도 모르겠던데' 하시는 분은, 사실 너무 서글픈 상태입니다. 뇌가 전투 상태에 있어 눈에 벚꽃이 들어오지 않는 거니까요.

사연 주신 분은 '내가 왜 이러지, 조울증인가' 하며 계절이 주는 감정의 롤러코스터를 걱정하시는데, 조울증을 걱정할 필요는 없습니다. 봄의 감정기복은 자연스러운 것이거든요. 평화롭고 아름다운 날씨이기에 우리 마음에 이완이 일어나는 거고, 이완은 삶에 대한 철학적 사고를 활성화합니다. '삶이란 뭘까. 나는 어디서 와서 어디로 가는 것일까' 하는 본질적인 생각들이 자연스럽게 떠오르기도 하지요.

성취를 향해 돌진하는 사람에게는 갑자기 끼어든 철학적 사고와 시적 감수성이 불편하게 느껴질 수 있습니다. '내가 대체 왜 이러는 거지. 잡생각 말고 열심히 살자' 하며 약한 의지력을 탓하고 마음을 다잡기 위해 애를 쓰지요. 당연히 쉽지는 않습니다. 계절에 따른 마음의 반응은 이성적 통제를 넘어선 자연스러운 감성 시스템의 변화이기 때문입니다.

찰리 채플린은 "인생은 가까이서 보면 비극이요, 멀리서 보면 희극이다"라고 했습니다. 겨울에서 봄으로 이어지는 계절 변화는 내 마음을 멀리서 바라보는 줌렌즈를 활성화합니다. 멀리서 볼 때 삶이 희극으로 느껴지는 것은 꼭 아름다워서만은 아닙니다. 멀리서 보면 더 넓게 보이고 내가 고민하던 일에 대한 집착이 옅어져서 여유가 생기기 때문이지요.

우리 곁에는 늘 '더 빠르게 더 크게 더 높게'라는 삶의 표어가 머물러 있습니다. 그러나 이렇게만 살면 삶이 너무 피곤해요. 오히려 '인생 뭐 대단한가'라는, 약간 염세주의적 사고를 가지면 행복감이 잘 유지됩니다. 왜냐하면 인생은 본질적으로 쓸쓸하고 허무한 면이 있기 때문입니다.

삶의 본질을 있는 그대로 받아들이는 용기를 가질 때 가볍지 않은, 중후한 행복감이 내 마음에 자리 잡게 됩니다.

봄은 짧습니다. 날씨 좋은 날 파란 하늘을 바라보는 여유를 10분만이라도 가져 보세요. 멀리 해외여행을 가는 것보다 더 큰 이완의 행복을 느낄 수도 있습니다. 참, 자외선은 피부를 상하게 하니 차단제는 바르시고요.

자꾸만 욱하는 나, 이러다
쌈닭이 될까 봐 두려워요

> 나를 위해 용서합시다.
> 최고의 복수는 나의 행복!

#화를_내어서_무엇_하나 #화나는_것도_화나는데_몸까지_상한다
#알아도_잘_안_되는_분노조절 #용서라는_대담하고_멋진_결정을_내린_나를_칭찬해
#나의_행복이_최고의_복수

30대 중반 남성입니다. 갈수록 다른 사람의 예의 없는 행동을 참기 힘들어 고민이에요. 얼마 전 결혼기념일에 큰맘 먹고 아내와 콘서트장에 갔는데, 뒷사람이 너무 심하게 떠드는 거예요. 참다 참다 조용히 해달라고 말했더니 그 사람이 이러더라고요. "뭐래? 나보고 조용히 해달라네?" 그 말에 더 열 받아서 "매너 없다"라는 말까지 해버렸습니다. 그러고는 도리어 제 마음이 상해서 콘서트장에서 나와 버렸습니다. 좋은 날에 티켓 값만 날린 꼴이죠.

나이를 먹어서 꼰대가 되려는 걸까요? 사람들은 남의 일에 신경 꺼라고들 하는데……. 어느 선까지 참는 게 맞는 걸까요? 이러다가 '쌈닭'이 될까 봐 무섭습니다.

분노조절이 잘 안 되면 그 화가 외부로 터져 나오기 마련입니다. 그런데 그거 아세요? 화를 내면 마음만 다치는 게 아니라 맨 먼저 몸이 상해요. 실제로 화를 내면 혈압이 올라가고, 그래서 혈관이 상처를 입고, 거기에 염증 물질이 쌓여 혈관이 좁아집니다. 그러다가 중풍이나 심근경색이 올 수도 있죠. 화는 화대로 나는데 몸까지 상하다니 얼마나 억울합니까!

그런데 실은 저도 비슷한 경험이 있습니다. 콘서트장에 갔는데 뒤에서 계속 싸우는 소리가 들리는 겁니다. 옆에 앉은 아저씨가 쩍벌남이었던 모양인지, 어느 아주머니가 왜 자기 자리까지 차지하냐고 시비가 붙은 것이었습니다. 싸우는 소리가 15분은 족히 넘게 들리니 저도 짜증이 나더군요. "조용히 좀 합시다!" 하고 소리 지르고 싶은 걸 겨우겨우 참으면서 공연에 집중하느라 애를 썼지요. 지금 또 그 이야기를 꺼내는 걸 보니 저도 아직 분이 풀리지 않았나 봅니다.

누르기만 하다가는 언젠가 터진다

우리가 주로 쓰는 분노조절 방법은 억압, 즉 찍어 누르는 것입니다. 상사의 불합리한 언사에 화가 난다고 일일이 화를 내면 직장생활이 순탄치 않을 수도 있겠죠. 그래서 억지웃음을 지었다면, 그것이 억압의 예입니다. 찍어 누르는 억압은 화를 빠르게 조절한다는 점에서는 효과적이라고 할 수 있습니다. 화가 빠른 감정 반응이니

조절에도 빠른 방법이 필요한 거죠.

그런데 억압은 분노가 밖으로 나가는 것을 막는 데는 효과적일지 몰라도 분노 자체를 해결하지는 못합니다. 분노라는 감정도 일종의 에너지죠. 그래서 나가는 것을 막으면 내 마음 어딘가에 남습니다. 그러다가 엉뚱한 데서 터져 나올 수 있어요.

분노조절의 또 한 가지 방법은 자기합리화입니다. 분노를 찍어 누르는 것만으로는 한계가 있으니 자기합리화를 하는 겁니다.

예를 들어 상사가 내 의견을 무시하고 지시대로 하라고 해서 그대로 했는데, 결과가 좋지 않았다고 칩시다. 그런데 상사는 마치 그 잘못된 지시가 내 의견이었던 양 나에게 책임을 돌리려고 합니다. 너무 화가 나겠지요? 하지만 그렇다고 대놓고 표현하기도 어렵고 매일 마주치는 상사에게 분노를 느끼는 것이 고통스럽다 보니 무의식적으로 합리화가 일어납니다. '내 잘못도, 상사의 잘못도 아니고 경기가 안 좋아서 그랬던 거야' 하는 식으로 말이지요.

자기합리화는 억압보다 더 단단하게 분노를 가둘 수 있습니다. 하지만 이 역시 분노 자체를 해결하지는 못하고, 오히려 분노가 마음 깊숙한 데까지 들어가 문제가 될 수 있습니다.

억압과 자기합리화는 효과적인 분노조절 방법이긴 합니다. 그러나 둘 다 분노가 사라지지 않고 마음 안쪽으로 밀려 들어갔다가 엉뚱한 데서 터져 나올 수 있습니다. 아니면 화병이 생기거나요.

그렇다면 대체 이 '화'를 어떻게 해야 할까요?

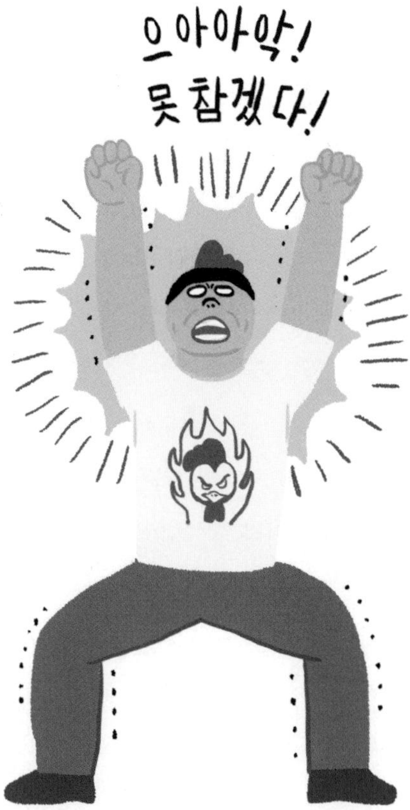

으아아악!
못 참겠다!

분노 조절에도 전략이 있다

몸도 마음도 건강하게 분노조절을 할 수 있는 대표적인 전략으로 '이완요법'이 있습니다. 마음에서 분노가 치밀어 오를 때 몸의 생물학적 공격 반응을 이완하기 위해 깊은 심호흡을 하거나 조용히 걸으며 즉각적인 분노 반응이 터져 나오는 것을 늦추는 방법입니다. 하지만 찍어 누르는 것보단 나을지 몰라도 이 방법 역시 분노 자체를 지울 수는 없습니다.

'인지의 재구성'이라는 것도 있습니다. '저 사람은 나쁜 뜻으로 한 이야기가 아닌데 내가 그 말을 예민하게 받아들인 것은 아닌가.' 이런 식으로 분노 감정을 일으킨 사고의 흐름과 인지 과정을 재구성해 보는 거죠. 같은 단어라도 사람들은 다 다르게 해석하니 분노 반응을 객관화하는 게 도움이 됩니다. 너무 화가 나는 일이 있었는데, 일단 참고 하룻밤 지나니 상대방을 이해하게 된 경험, 있으셨지요? 그게 인지의 재구성에 해당합니다.

'문제 해결 전략'이라는 방법은 어떨까요. 분노라는 감정 반응을 일으킨 근원적인 문제가 무엇인지 분석하는 겁니다. 그리고 그 원인을 해결하는 데 에너지를 쏟는 것이죠. 원인이 없어지면 더 화낼 일도 없을 테니까요. 난 드라마를 봐야 하는데 축구 경기 보겠다고 우기는 남편과 자꾸 싸우게 된다, 그래서 텔레비전을 하나 더 산다, 이게 문제 해결 전략입니다.

'적극성 기르기 훈련'이라는 방법도 있습니다. 즉각적으로 분노를 표현하지 하지 않고 상대방이 기분 나쁘지 않게 합리적으로 자기 의견을 전달하는 소통 기술을 훈련하는 것입니다.

사람들은 보통 화가 나면 "너는 인간 자체가 나쁘다" "너희 집안은 왜 그 모양이냐"라는 등 가시 돋친 말을 하곤 하죠. 그러는 대신에 불만을 구체적으로 이야기하는 훈련입니다. "너는 다 좋은데 이 부분이 좀 그래" 하는 식으로요. 말 대신 글로 적어서 소통하는 것도 도움이 됩니다.

나 자신을 위한 용서

그런데 분노조절 방법이 이렇게 여러 가지라는 건, 그만큼 분노조절이 어렵다는 뜻이겠죠. 그렇다면 이건 어떨까요?

'나를 위한 용서'라는 분노조절 방법이 있습니다. 보통 용서는 타인을 향한 것인데, 그러지 말고 나를 위해 용서하자는 것이죠. 타인 때문에 분노하면 결국 망가지는 것은 내 마음과 몸입니다. 그런데도 용서를 못하는 것은 상대방이 밉기 때문이고요. 그때 생각을 전환하자는 겁니다. 상대방을 진짜 용서하는 것이 아니라 나를 위해 용서하는 것으로요. 상대방에게 용서했다고 이야기할 필요도 없습니다.

여기서 핵심은 분노의 내용과 그에 따른 분노란 감정 반응을 분리하는 것입니다. 그래서 분노라는 감정이 생길 때 적극적으로 그 감정을 처리해 버리고, 내 시간을 더 긍정적인 가치에 투자하는 것이지요. 별것 아닌 것 같지만 용서하기로 결정하면 실제로 그에 따른 감정 반응이 줄어듦을 경험할 수 있습니다.

분노조절도 중요하지만 분노 예방도 필요합니다. 분노감은 뇌가 지치고 피로하면 더 강하게 나오기 마련입니다. 이성과 사랑에 빠졌을 때 세상이 잠시나마 아름답게 보이지 않았나요? 사랑 에너지가 뇌에 따뜻한 기운을 주어 세상에 대한 시각 자체를 긍정적으로 바꿨기 때문입니다. 분노 예방은 이와 비슷하게 취미생활 등으로 뇌를 즐겁게 해주는 것입니다.

우리, 분노를 예방해서 몸도 마음도 건강하게 살아봅시다.

갑자기 이 사람이고 저 사람이고
다 싫어졌어요

나쁜 사람이 된 게 아니에요.
너무 열심히 살아 방전된 것일 뿐.

#번아웃_신드롬 #감성_배터리가_다_됐나_봐요
#독립적이고_싶으면서도_자유롭고_싶어라
#그렇게_성숙해져간다

저는 고등학교 2학년 여학생입니다. 요즘 주위 사람이 다 싫어서 고민이에요. 친구든 가족이든 마찬가지예요. 특히 친구한테는 단점밖에 안 보여요. 다들 이기적이고 착한 척만 하는 것 같아 정말 싫어요. 친구 말에 대꾸하기 싫어서 무뚝뚝해질 정도입니다. 1학년 때는 안 그랬는데 2학년 올라와서 갑자기 이래요.

전에는 친구들과 노래방에 가거나 같이 밥을 먹으면서 스트레스를 해소했는데, 이젠 친구들이랑 같이 있는 게 불편하니 혼자 삭이고만 있어요. 지금 학급 반장인데 친구에 대한 관심이 뚝 떨어져 반장 역할도 제대로 못합니다. 한창 친구가 좋을 나이라는데 왜 친구가 싫어지는 걸까요?

친구가 싫어졌다고요? 번아웃 신드롬, 즉 소진증후군이 찾아왔네요. '번아웃'이란 말처럼 감성 배터리가 다 타 버린 겁니다. 감성 배터리도 스마트폰 충전하듯 에너지를 보충해야 하는데 충전 없이 쓰기만 하면 이렇게 방전돼 버리지요.

감성 배터리가 방전됐는데 왜 사람이 싫어지냐고요? 소진증후군에 빠진 뇌는 공감능력이 현저히 떨어지기 때문입니다. 타인과 교감하려면 우선 상대방의 마음을 읽고 느끼는 공감능력이 있어야 합니다. 그런데 공감은 단순한 기술이 아니라 생물학적인 과정이기도 합니다.

뇌 활성도를 측정할 수 있는 기능성 자기공명영상 장치를 활용한 실험 결과를 보면, 공감능력이 뛰어난 사람에게 타인이 고통스러워하는 영상을 보여주면 통증과 연관된 뇌 영역의 활성도가 증가합니다. 다른 사람의 고통을 내 고통으로 인지하는 거죠. 그러나 감성 에너지가 방전돼 버리면 원래 있던 공감능력도 작동하지 않습니다. 그래서 친구가 귀찮아지는 거예요.

전날 친구와 사소한 일로 다시는 안 볼 것처럼 싸우고 헤어졌는데 하룻밤 잘 자고 일어났더니 '내가 참을 걸 왜 그런 일로 싸웠지' 하고 후회한 경험이 있을 거예요. 그땐 뇌가 피곤해서 공감능력이 떨어졌고, 별것 아닌 일에 민감하게 반응하다 보니 분노가 치밀어 오른 겁니다. 숙면은 마음을 충전하는 시간입니다. 잠으로 공감에너지를 충전하고 나니 특별한 노력 없이도 친구 마음을 이해할 수 있게 된 거죠.

공감능력이 좋으면 감성 에너지 소모도 크다

요즘 공감이란 단어가 유행처럼 쓰이죠. 개인의 행복을 넘어 기업의 생존·발전을 위한 경영전략 측면에서도 조직원 간의 공감과 소통을 강조합니다. 그렇다면 공감능력을 타고나면 성공할까요? 그게 그렇게 간단치가 않더라고요.

우월한 공감 유전자를 가진 간호사가 병원에 들어왔습니다. 타고난 공감능력이 있으니 환자의 고통을 내 고통으로 느낍니다. 친절 교육이 따로 필요 없을 정도로 진심으로 환자를 간호합니다. 그래서 주변의 칭찬이 자자합니다. 상도 받습니다. 그런데 이렇게 회사생활을 잘하다 갑자기 그만두는 사람이 있습니다.

아이러니하게도 공감능력이 좋다는 건 그만큼 감성 에너지 소비도 크다는 얘기입니다. 충전 없이 일만 열심히 하다 보면 불친절한 간호사보다 배터리가 더 빨리 소진되지요. 감성 시스템이 닳아 버리면 더 이상 공감하지 못합니다. 갑자기 환자가 짜증나고 싫어지는 거죠. 그러면 스스로에 대한 자괴감이 들고, 결국 자신감을 잃고 일을 그만두게 됩니다.

사연 주신 학생은 지금은 방전된 상태지만 공감능력과 책임감을 타고났다고 판단됩니다. 리더십에 필수적인 게 공감능력인데, 공감능력을 갖고 있으니 반장도 맡았겠지요. 그런데 앞에서 말한 것처럼 책임감 있게 열심히 사는 사람은 감성 에너지 소진이 더 빨리 올 수 있습니다.

친구들이 다 이기적이고 착한 척하는 것 같다고요? 네, 맞습니다. 사람은 누구나 이기적입니다. 착한 척도 하고요. 그런데 이런 이중성은 인간의 본질적인 특징입니다. 또한 다른 사람의 사랑과 관심을 요구하면서도 누가 나에게 지나친 영향을 주는 건 거부합니다. 독립에 대한 욕구 때문이지요. 독립된 자유인으로 살고자 하는 욕구와 사랑받고 싶은 욕구가 동시에 존재하니 이중적인 특징이 나올 수밖에 없습니다.

이기적인 면은 독립성을 지키기 위한 일종의 방어입니다. 나보다 더 소중한 사람은 없습니다. 그러나 나는 혼자서 살 수 없는 사회적 존재이기도 합니다. 그렇기에 타인에게 매력적인 존재로 스스로를 포장하려는 욕구가 있습니다. 그게 착한 척입니다.

나쁜 사람을 좋아하는 사람은 없습니다. 나쁜 남자가 인기라는데, 사실 여기서 말하는 '나쁜 남자'는 착한 남자보다 한 단계 위인 멋진 남자입니다. 능력 있고 배려심도 많으나 티를 내지 않는 밀당의 귀재랄까요.

사고가 성숙해지는 과정

사람을 혐오하는 마음은 공감능력이 떨어져 세상을 따뜻하게 볼 수 없기 때문에 생깁니다. 하지만 여기에 부정적인 면만 있는 건 아닙니다. 세상을 새롭게 이해하는 철학의 탄생은 기존 가치에 대한 혐오감에서 시작되었으니까요.

'세상은 착하다, 그래서 행복하다'보다 '세상은 이중적이야. 그렇지만 사랑하며 살 거야'라고 생각하는 게 더 성숙한 가치관이 아닐까요. 또한 혐오감을 통해 내가 사는 세상과 사람에 대해 냉정하게 이해할 수 있습니다. 사고가 성숙해지는 거지요.

그러니 너무 걱정 마세요. 그저 '내가 열심히 살다 보니 방전됐구나. 열심히 살아서 얻은 합병증이군. 세상에 대한 이해의 폭이 넓어지는 과정이네. 멋진데!' 이렇게 생각하세요. 실제로 그게 정답이니까요.

결코 나쁜 사람이 됐다거나 성격이 망가진 게 아니니, 스스로를 탓하거나 비난하지 마세요. 안 그래도 방전된 감성 에너지가 더 소진돼 버릴지도 모릅니다. 자신을 따뜻하게 이해할 때 방전된 감성 배터리는 충전 모드로 바뀝니다.

친구가 싫어졌는데 이를 표현하지 않은 건 정말 잘한 거예요. 사람은 고통의 원인을 흔히 외부에서 찾으려 하는데, 사실은 친구가 변했다기보다는 내 해석과 반응이 전과 달라진 것이니 이럴 때 독한 말을 내뱉으면 나중에 나만 더 속상해집니다.

때론 가상의 친구도 위로가 됩니다. 예컨대 소설이나 영화 속 인물 말입니다. 그들이 나와 비슷한 고민을 하는 모습에 공감하며 감성 에너지를 충전할 수도 있으니 참고하세요.

이번 휴가에서 돌아오는 길엔 또 얼마나
눈물을 쏟을까요?

걱정 마세요.
여행을 제대로 즐겼다는 증거니까요.

#자유에_다가갈수록_한계를_느끼게_되므로 #이런_눈물이라면_좋다
#매일매일_마인드_바캉스 #우리_뇌는_몰입했을_때_행복하다

20대 여성 직장인입니다. 여행을 좋아해서 여건이 될 때마다 다닙니다. 하지만 돌아오는 비행기나 기차 안에서 느끼는 우울감이 너무 큽니다. 누구나 여행에서 현실로 돌아오면 우울감을 느낄 수 있다고 생각하지만 전 그 강도가 심한 것 같아요. 집에 오는 길에는 여행 자체가 꿈만 같고, 기분이 가라앉고, 가슴이 답답하고, 계속 눈물이 납니다. 일상생활에 심각한 영향을 줄 정도는 아니지만 일주일 정도 기분이 가라앉아요.

장기 해외여행을 준비하는 요즘은 돌아오는 길에 또 얼마나 우울할지, 얼마나 눈물을 쏟을지 무섭기까지 합니다. 제가 유별난 걸까요?

왜 우리는 어디론가 떠나고 싶어 할까요? 바캉스 (vacance)의 라틴어 어원이 '자유'라는 뜻을 가지고 있다고 하죠. 어디론가 떠나고 싶은 여행의 욕구에는 자유를 얻고자 하는 마음이 숨어 있습니다.

자유를 느끼고자 떠난 여행에서 돌아오는 길에 느끼는 우울감의 정체는 무엇일까요. 잘 놀다 왔는데 눈물이 나니 내가 이상한 것 아닌가 하는 생각이 드시는 것 같은데, 이는 매우 정상적인 감정 반응입니다.

여행을 통해 마음을 자유롭게 하면 감성이 섬세해져 나도 모르는 사이 삶을 깊이 느끼게 됩니다. 마치 작품 활동을 위해 인생에 대한 몰입도를 높인 예술가의 마음처럼요. 여행 후 우울이 일상생활에까지 영향을 준다면 문제겠지만, 그 정도는 아니라니 걱정하실 필요 없습니다. 비정상적인 감정 반응도 아니고 오히려 여행을 제대로 즐기고 있다는 증거니까요.

우리는 자유롭길 원하지만 결국 욕망·욕심·질투·분노·불안 등에 끊임없이 사로잡히죠. 그래서 더 자유를 원하는 것 같습니다. 그리고 자유를 향해 다가갈수록 한계를 느끼기에 더 슬퍼지는 건지도 모르죠.

여행이 주는 그 슬픈 눈물을 더 즐기셨으면 좋겠습니다. 너무 인생을 심각하게 살 필요는 없지만, 여행 후 찾아오는 우울 정도는 인생을 진지하게 바라보는 밀도 있는 행복 활동이라 생각해도 좋을 것 같습니다.

자유를 찾아 시골으로? 현실은 No!

사실 이런 고민은 행복한 고민입니다. 여행을 통해 자유를 느끼고 자유를 통해 삶을 더 진지하게 느끼게 되었으니까요.

여행을 통한 자유도 부족했는지 도시 직장인 중에 은퇴 후 자유를 찾아 시골에 내려가 살겠다는 분들을 자주 봅니다. 얼마 전에는 대기업 임원을 대상으로 강의할 기회가 있었는데, 스마트폰 연구 개발로 치열한 삶을 보내고 있는 한 분이 자신은 10년 후 서울을 떠나 한적한 농촌 생활을 할 계획이라고 말했습니다. 그러자 동료들이 "와" 하며 부러움의 탄성을 지르더군요.

도시민을 대상으로 한 설문조사 자료를 봐도 적게는 20%, 많게는 50%까지 귀농·귀촌을 생각한다는 결과가 나옵니다. 여기서 귀농은 농업활동을 하는 것이고, 귀촌은 농사는 짓지 않으면서 시골에 거주하는 것을 말하죠.

그런데 달아오르는 탈도시 감성에 찬물을 끼얹는 사람이 있으니, 일본 작가 마루야마 겐지입니다. 문단에서 상을 주겠다고 해도 "명예는 작가 정신을 병들게 한다"라며 거부하는 칠순의 까칠한 작가입니다. 이 분이 쓴 에세이 제목도 『나는 길들지 않는다』『인생 따위 엿이나 먹어라』 이런 식이니 대충 어떤 사람인지 느낌이 올 겁니다.

이 작가가 『시골은 그런 것이 아니다』(2014)라는 책을 내서 '공격적으로' 도시인의 시골행을 막기도 했습니다. 마루야마 본인이 47년째 시골 생활을 하고 있다니 그냥 흘려듣게 되지 않습니다. 이 책을 읽다 보면 도시인의 시골 생활을 너무 혹독하게 그려서 과장이 심한 게 아닌가 하는 생각이 들기도 합니다. 그러나 실제 시골 생활을 하는 분들은 이 책의 내용 대부분이 사실이라고 하네요.

이 책에서 저자는 기존에 수백 년을 함께 살아온 주민들과 한가족으로 섞이는 것은 거의 불가능하고, 그래서 항상 자신은 이방인이란 느낌을 갖고 있다고 합니다. 아파도 금방 병원 가기가 쉽지 않은 데다가, 편의시설이 부족해서 직접 해야 하는 일들이 많으니 하루 종일 일을 해도 부족하다고도 하네요.

'농사나 지을까' 낭만적으로 생각하고 귀농을 꿈꾸는 사람들에게 저자는 농사는 이 일로 잔뼈가 굵은 사람도 하기 어려운 일인데 웬 낭만 타령이냐며 독설을 날립니다. 농촌 생활이 그렇게 쉽고 좋다면 왜 젊은 사람들이 농촌을 떠나겠냐라면서요.

귀촌하려는 마음엔 삭막한 도시를 떠나 자연으로 돌아가려는 마음이 있죠. 내 영혼을 자유롭게 해주고 싶고, 나를 따뜻하게 반겨줄 자연과 이웃을 기대하는 것입니다. 여행의 욕구처럼 자유를 찾아 떠나는 것입니다. 그러나 아쉽게도 현실은 다릅니다.

그렇다면 마루야마 겐지는 왜 이런 시골 생활을 계속하는 걸까요? 그는 고생을 감수하고 홀로서기를 하고 싶다면 시골 생활을 추천한다고 말합니다. 도시가 주는 허상의 포장을 벗고 자연 앞에 벌거벗긴 채 자신의 한계와 나약함을 느낄 수 있기에, 시골이 도시보다 홀로서기에 도움이 된다는 것이죠. 그 한계 안에서 역설적으로 자연의 한 부분인 나의 소중함을 느낄 수 있다는 겁니다.

도시 탈출을 막는 내용인 듯 보이지만 사실은 어떻게 인생을 살 것인가 하는 철학적 질문을 던지는 책입니다.

매일 10분씩 '마인드 바캉스'

남자의 평균수명도 80세에 가까워지고 있고 여성은 이미 85세 근처까지 가 있습니다. 변화의 추이를 볼 때 90세를 넘기는 것이 특별한 상황이 아니게 될 가능성이 큽니다. 이것이 인생 후반전에 홀로서기가 더 중요해지는 이유입니다.

조기 은퇴해서 석양이 멋지게 지는 모습을 지켜보며 아파트 발코니에서 칵테일 한잔. 얼마나 멋져 보입니까. 실제로 미국에서는 조기 은퇴 붐이 일어나기도 했죠.

그런데 이런 삶이 행복하다는 과학적 근거는 없습니다. 그런 이미지는 미국의 부동산 개발 회사들이 마케팅을 위해 만든 겁니다. 하루 이틀도 아니고 매일 해 지는 모습을 보며 마시는 칵테일이 뭐 그리 맛있겠습니까.

우리는 항상 쉬고 싶다고 생각하지만, 아이러니하게도 우리 감성은 어려운 무언가에 몰입해 있을 때 만족감을 느낍니다.

앞에서 바캉스의 라틴어 어원이 '자유'라고 했죠. 쾌락의 철학자 에피쿠로스는 행복의 3요소를 우정, 자유, 사색이라고 했습니다. 그런 측면에서 바캉스는 수동적인 의미의 '삶의 오프타임'이 아닌 적극적인 행복 활동입니다. 하지만 요즘 사람들의 바캉스를 보면 서글프기까지 합니다. 열심히 일하다 보니 바캉스 시즌이 오고, 가족들을 위해 열심히 패키지 여행 상품을 고르고, 숨 가쁘게 휴가를 다녀옵니다. 휴가에서 느껴야 할 자유를 휴가가 끝나 집에 돌아올 때 느끼는 것이 우리의 슬픈 바캉스입니다.

그래서 물리적 바캉스보다 정신의 바캉스가 더 중요하지 않나 싶습니다. 빡빡한 생활 중이라도 잠시나마 하늘을 보고, 기지개를 켜고, 음악을 들으며 차 한잔 마시는 여유. 우리 뇌는 그런 순간을 바캉스라 여기지 않을까요?

매일 10분만이라도 마인드 바캉스 시간을 가져 봅시다.

시키는 일은
죽어도 하기 싫은데

누구나 마음속에
청개구리 한 마리쯤 있는 거잖아요.

#양가감정_매우_정상 #저항의_단계를_넘으면_더_폴짝_뛸_수_있다
#청개구리에게는_열린_질문을 #반영적_경청 #소통은_내용이기_전에_느낌이니까

33세 직장인 남성입니다. 저는 청개구리 마인드가 강합니다. 누가 시키면 하기 싫고, 하지 말라고 하면 하고 싶어요. 직장생활을 시작하고부터는 이 청개구리 마인드 때문에 곤란한 적이 종종 있었습니다. 시키지 않아도 알아서 열심히 한다는 평가를 받는 편이었는데, 하루는 회의시간에 상사가 약간 강압적으로 지시를 하니 청개구리 마인드가 튀어나온 겁니다. 전 그만 "하기 싫다"라고 해버렸습니다. 그간 따낸 점수를 다 날려 버린 거죠. 다른 사람이 말하길, 제 마음속에서 청개구리 마인드가 튀어나올 땐 말을 하지 않아도 얼굴에 다 나타난다고 합니다. 이래서 사회생활을 어떻게 할지 걱정입니다.

청개구리 마인드란 논리적으로 합당한 요구를 받아도 일단 저항하는 마음이 생기는 것을 말합니다. 이런 마음이 들면 잘못된 거라고 스스로를 야단치곤 하는데, 그러다 보면 청개구리 심리가 더 커지기만 합니다.

청개구리 마인드와 관련된 심리 용어로 양가감정이라는 것이 있습니다. 예를 들어 '저 사람과 결혼하자'고 마음먹으면 자연스럽게 다른 한쪽에서 '결혼해도 될까'라는 저항이 생기는 것을 이야기합니다. 한쪽으로 결정하려고 할 때 반대쪽 생각이 강하게 드는 거죠.

누구나 마음속에 청개구리를 키운다

양가감정은 우유부단한 사람한테만 있는 게 아니라 누구에게나 있는 정상적인 반응입니다. 결정에는 논리적 단계와 감성적 단계가 있어요. 논리적 단계에서 감성적 단계로 넘어갈 때 과도기적으로 일어나는 현상이 양가감정입니다.

역설적으로 양가감정을 거치지 않은 결정은 마음까지 움직인 게 아닙니다. 이성적으로 이해만 한 상태지요. '술을 줄여야지'라는 이성적인 계획을 실행하기 위해서는 '마실까, 말까'란 양가감정으로 인한 번민을 거쳐 감성적 단계로 넘어와야 합니다. 청개구리 마인드가 만드는 양가감정이란 이성적인 논리를 내 마음이 수용하는 과정입니다.

양가감정 상태가 불편하다고 너무 한쪽으로 몰아세우면 반대로 튕겨나가 오히려 변화가 이뤄지지 않을 때가 많습니다. 의지력이 강한 사람이 변화도 쉬울 것 같지요? 그런데 강한 의지만큼 변화에 대한 감성적 저항도 크게 일어나 양가감정이란 파도가 더 높게 일어날 수 있습니다.

평소에 본인이 청개구리 마인드가 강하다고 느껴진다면 '나는 자유와 독립에 대한 욕구가 큰 사람이고, 그만큼 양가감정도 크게 일어날 수 있다'는 걸 아시는 게 도움이 될 겁니다.

다시 말씀드리지만 청개구리 마인드 자체가 나쁜 것은 아닙니다. 저항도 에너지입니다. 저항의 단계를 넘어 마음으로 받아들이면 확실히 일을 추진할 잠재력을 갖게 됩니다. 마음의 저항이 크게 일어날 때 억지로 누르지 마시고 정상적인 과정이라고 지켜보는 태도가 중요합니다.

혼자서 끙끙 고민하지 마시고 내 말을 잘 들어줄 친한 친구와 이야기하는 것도 도움이 됩니다. 누군가가 내 이야기를 경청해 주면 변화에 대한 저항이 줄어들거든요.

청개구리에게 잔소리는 독

그런데 우리는 왜 잔소리를 이렇게 싫어할까요? 잔소리는 상대방이 나에게 주는 강한 메시지인데요, 그것을 받아들일 때 나의 독립성이 사라지는 느낌을 받기 때문입니다. 나의 독립성이 약해지면 결국 '나는 너와 다르다'는 느낌이 줄어들죠. 나의 심리적 독립성이 훼손되는 느낌을 갖게 되는 것입니다.

소중한 사람에게 조언을 하고 싶을 때, 즉 상대방을 설득하고자 할 때 직접적인 조언은 비효율적인 경우가 많습니다. 소통에도 전략이 있는데 그중 강력한 의지로 상대방을 설득하는 것을 직면적 소통이라 합니다. 예를 들어 "당신, 계속 담배 피우면 폐 다 망가지고 일찍 죽어"라고 강하게 이야기하는 식이죠. 얼핏 효과가 좋을 것 같으나 그런 말을 들은 상대방은 오히려 담배를 더 피우게 된다는 연구 결과도 있으니 당황스럽습니다. 우리 뇌 안에는 정말 청개구리가 살고 있는 것 같습니다.

이중적인 마음에서 생기는 저항을 잘 다루며 설득하는 전략으로 반영적 경청(reflective listening)이 있습니다. 반영은 거울에 비친 상이나 소리의 반사 등 상대방이 주는 이미지를 되돌려 주는 것을 이야기하는데, 되돌려 줄 때 내 속성이 첨가되는 것을 반영적 경청이라 합니다. 거울이 파란빛이면 파란색이 첨가돼 반영되는 것이죠.

보통 경청이 수동적으로 상대방의 의견을 듣는 것이라면 반영적 경청은 능동적인 소통 방법입니다. 반영적 경청은 열린 질문과 짝이 되어 이루어집니다. 예를 들어 "아들, 공부했어, 안 했어? 공부 안 하면 나중에 후회해. 엄마 말이 틀려? 말 좀 해 봐"라는 질문은 닫힌 질문이고 강한 권유이기에 저항이 증폭됩니다.

"요즘 공부가 잘 안 되는 이유가 뭘까?" 이렇게 열린 질문은 지시가 아닌 상대방의 마음을 묻는 것이기에 저항이 적고 상대가 속내를 이야기하게 되죠. 그 이야기를 경청하고 거기에 내가 하고 싶은 이야기를 살짝 얹는 것이 반영적 경청입니다. "공부는 열심히 하고 싶은데 집중이 잘 안 된다니, 스트레스가 많아서 그런가 보다. 하루에 10분씩이라도 운동을 하면 어떨까?" 이런 식으로요.

엄마의 권유가 들어가 있으나 아들 입장에선 자신의 의견에 엄마의 의견이 살짝 들어간 것이라 남의 것으로 느껴지지 않습니다. 그러다 보니 저항이 적게 생기죠. 내 스스로 행동변화를 한 것으로 느끼게 되고요.

청개구리 마인드는 의학계에서도 중요한 연구 주제입니다. 환자가 약으로만 치료되는 것은 아니죠. 좋지 않은 생활습관을 바로잡는 행동변화도 있어야 하는데, 통계를 보면 이 청개구리 마인드를 극복하기가 쉽지 않습니다.

대표적인 생활습관 문제인 비만만 보아도 그렇습니다. 고도비만은 12년간 1.7배, 초고도비만은 2.9배나 증가했다네요. 의사가 "더 많이 먹고 조금만 움직이세요"라고 하지는 않았을 텐데요. 내가 상대방을 생각해 최선을 이야기한다고 해서 그것이 곧 소통으로 이어지지는 않는 겁니다. 여기에 소통의 어려움이 있죠.

소통은 내용 이전에 '느낌'입니다. '막히지 아니하고 잘 통함'이라는 사전적 의미처럼 저 사람의 마음과 내 마음 사이에 장애물이 없다는 느낌입니다. 장애물이 없는 두 마음 사이에 다양한 내용이 오고 가는 것은 어려운 일이 아닙니다. 그런데 장애물은 그대로 두고 내용만 자꾸 바꿔 봐야 소통은 일어나지 않습니다.

우리는 타인과만 대화를 하는 게 아니라 나와도 대화를 합니다. 내 마음과요. 나를 잘 설득하기 위해서는 내 마음속 청개구리 마인드를 잘 이해해야 합니다. '더 힘을 내' '긍정적으로 생각해'라며 강하게 마음을 조이기만 하면 소용이 없지요. 마음이 저항하면 스스로 내 마음을 꼭 안아 주는 여유가 필요합니다. '마음아, 주인 잘못 만나 힘들지. 앞으론 너를 가장 소중한 친구로 아껴 줄게. 네가 움직이고 싶을 때까지 푹 쉬어' 하는 식으로요.

계속 쉬고만 있을까 봐 걱정이라고요? 우리 마음은 공감해 주면 금방 긍정 에너지를 충전해 다시 긍정성을 공급하니 그건 걱정 마세요.

욕망이 꿈틀꿈틀,
두 번째 사춘기가 온 걸까요?

자꾸 엉뚱한 생각이 드는 건
더 사랑받고 인정받고 싶기 때문이에요.

#본능과_욕망 #절대_채워지지_않는_두_가지 #절대_떨어져나가지_않는_두_가지
#그러니_잘_달래_가며_삽시다 #100세_인생에_사춘기_한_번으론_부족하잖아요
#그렇다고_새_사랑을_찾으라는_뜻은_아님

두 아들을 둔 40대 사업가입니다. 회사는 안정적으로 굴러가고 있고, 대학 때 만나 5년 연애 끝에 결혼한 아내와는 대화가 잘 통합니다. 스스로 생각해 봐도 부족한 게 없는 인생이죠. 그런데 요즘 자꾸만 엉뚱한 생각이 듭니다. '어차피 죽을 건데 열심히 살아서 뭐하나' 싶다가 '누군가와 뜨겁게 사랑하고 싶다'는 욕망에 사로잡힙니다. 물론 생각뿐입니다. 원체 소심한 성격인 데다 혼외자식 문제로 언론에 오르내리는 사람을 보며 '이 나이에 사랑은 무슨 사랑, 정신 차리자'고 마음을 다잡습니다. 그런데 또 얼마 못 가서 연애하고 싶은 마음이 다시 꿈틀댑니다.

사춘기도 아니고, 이 나이에 왜 이럴까요?

우리 무의식에 살고 있는 '본능'은 욕심쟁이입니다. 끝도 없이 더 가지려 하거든요. 당연히 배려라고는 모르고 매우 이기적입니다. 본능이 이타적이었다면 사람들 사이의 갈등이나 지역감정은 물론 국가분쟁이나 전쟁도 없었을 테죠. 사회 시스템도 훨씬 간단해도 됐을 거고요.

사회 시스템은 끝없이 요구하는 개인의 욕망을 적절히 통제해 다수의 관점에서 가장 효율적인 방법으로 한정된 자원을 공유하는 소프트웨어입니다. 모든 사람이 각자의 욕망을 아무 통제 없이 다 채우려 든다면 세상은 혼란에 빠지겠죠. 사회 시스템이 요구하는 역할에 충실히 사는 것이 때론 본능에 역행하는 건 이런 이유입니다.

본능은 비록 이기적인 욕심쟁이지만 단순히 좋다, 나쁘다로 판단할 수 없습니다. 우리는 끝없이 본능에 따라 욕망하지만, 욕망은 결코 채울 수 없기에 죽는 순간까지 '결핍'이라는 녀석이 친구처럼 따라다닙니다.

본능과 결핍, 떼려야 뗄 수 없는 관계

본능과 결핍의 관계에 관한 이론은 크게 두 가지가 있습니다. 첫째, 일반적으로 본능의 요구가 좌절될 때 사람은 결핍을 느낀다고 합니다. 그러므로 본능을 지나치게 억압해 생긴 문제라면 가끔씩 통제를 풀고 이완시켜 본능이 숨 쉬게 해주는 게 해결책입니다.

또 다른 이론은 이와 전혀 다릅니다. 인간의 고독과 결핍은 욕망이 좌절돼서 나온 결과가 아니라 원래 갖고 있는 본질이라는 겁니다. 그러므로 결핍을 잘 수용하는 게 해결책입니다. 두 이론 중 어느 쪽이 진실에 가까운지는 알 수 없지만 저는 후자를 좀 더 신뢰합니다. 만약 '욕망의 좌절이 결핍'이라고 한다면 욕망이 주인공인 셈인데, 그건 상대하기가 더 어렵고 피곤하거든요.

혼자가 된 60대 중반 어른이 불면증으로 찾아왔습니다. 불면증과 함께 우울·불안도 있고 허무감으로 힘들다고 하더군요. 지금까지 인생을 주도적으로 살았고 스스로 리더십도 강하다고 생각했는데 왜 이러는지 당황스러워 했습니다. 모임에 가면 항상 대장 노릇을 하며 분위기를 주도하곤 했지만, 이젠 그것도 귀찮고 사람 만나기가 싫다고 합니다.

세 번 정도 상담하고 약물치료도 하고 나서 그분은 한동안 병원에 발길을 뚝 끊었습니다. 잘 지내시려니 했는데 몇 달 후 다시 찾아와서는 "당신 말 들었다가 요즘 더 괴롭다"라고 하더군요.

무슨 말인가 했더니 "너무 모범생처럼 스스로를 통제하며 산 것 같으니 이젠 본인의 감성적 욕구에 충실하시라"라는 제 조언을 듣고 용기를 내서 새 여자친구를 만났답니다. 처음엔 사춘기 소년처럼 들뜨고 좋았는데 한두 달 지나니 여자 쪽에서 사랑의 대가로 다른 걸 요구했다네요. 진실한 사랑을 찾은 줄 알고 행복했는데 실망이 이만저만이 아니었겠죠.

그의 얼굴엔 좌절의 그림자가 드리워져 있었습니다. 산전수전 다

겪은 60대 사업가의 강인함과 노련함은 전혀 보이지 않았습니다. 그 순간만큼은 첫사랑에 배신당한 사춘기 소년의 얼굴이었습니다.

그 후론 "감성적 욕구에 충실하라"라는 말을 함부로 하지 않습니다. 많은 남자가 이 말을 "용기를 내 사랑을 해보라"라는 말로 오해한다는 사실을 알게 됐거든요.

남자에게 찾아온 두 번째 사춘기

남자의 위기입니다. 남성 자살률이 여성에 비해 두 배 이상 높고, 고령화에 따른 자살률 증가도 남자에게 더 뚜렷합니다. 자살은 구체적 원인이 무엇이든 결국은 정체성 문제입니다. 내가 가치 있다고 느껴지지 않을 때 하는 극단적인 행동인 거죠. 불안과 우울 등 결핍의 느낌도 정체성과 관련한 감정 반응입니다.

정체성은 '나는 누구인가'에 관한 겁니다. 정체성 위기(identity crisis)는 정신분석학자 에릭 에릭슨(Erik Erikson)이 만든 용어로, '청소년이 삶에서 현재와 미래의 역할에 대해 혼란스러울 때 경험하는 불확실성과 불편함'을 의미합니다. 그리고 사춘기 때 정체성 위기를 거쳐 정체성 성취(identity achievement)라는 발달학적 결과물을 얻게 된다고 주장했습니다. 정체성 성취는 자신의 직업과 세상을 바라보는 가치관을 확신하고 전념하게 되는 단계를 이야기합니다.

에릭슨은 정체성 위기를 사춘기로 단정지었지만 이것이 꼭 사춘기에만 오는 것 같지 않습니다. 특히 평균수명 100세를 바라보는 지금은 40대를 넘어서도 언제든지 제2의 사춘기가 찾아올 수 있습니다. 사춘기 때 형성한 정체성 성취만으로 긴 인생을 살기에는 부족해서 정체성 위기가 다시 한 번 찾아오는 거라고 생각합니다.

사연의 주인공에게도 두 번째 사춘기가 온 겁니다. 스스로 소심하다 했지만 실은 소심한 게 아니라 사회적 역할에 충실한 모범생으로 살아온 거죠. 우리 사회 시스템은 구성원을 모범생으로 교육하고, 모범생이 사회·경제적 성취를 이루도록 프로그램이 짜여져 있습니다.

정체성 조기폐쇄(identity foreclosure)라는 약간 어려운 용어가 있습니다. 이는 충분한 정체성 위기를 겪지 않은 채 자신이 전념할 가치관을 일찍 수용한 상황을 말합니다. 이에 따른 부작용으로 결국 정체성 위기가 다시 찾아옵니다. 좀 놀다가 마음을 잡은 사람보다 일찍부터 모범적으로 산 사람이 두 번째 사춘기를 더 세게 맞기가 쉬운 거죠.

두 번째 사춘기는 병이 아닙니다. 인간 심리 발달은 청소년기에 완성되는 게 아니고 평생에 걸쳐 일어나지요. 그래서 정체성 위기는 몇 번이고 찾아올 수 있습니다. 다만 두 번째 사춘기는 우선순위에서 밀려 있던 본능이 모범적인 삶과 갈등을 일으키며 결핍과 허무감을 느끼게 한다는 게 문제고요.

욕망의 본질은 더 사랑받고 인정받는 존재가 되고 싶은 것 아닐까요? 그렇기에 누군가를 사랑하고 싶은 욕구가 두 번째 사춘기에 살아나는 겁니다. 이런 욕구는 꿈이자 실현시키고 싶은 환상입니다.

그러나 막상 꿈과 환상을 현실화하면 행복은 찾아오지 않고 인생만 복잡해지는 경우가 대부분입니다.

닥터 윤의 꿀팁 처방전 ◇◇

행복한 인생 후반부를 가꾸기 위한 방법

1. 나만의 취미를 갖기

투자가 워런 버핏의 스트레스 관리법은 우쿨렐레 연주라고 한다. 스트레스 관리는 스트레스를 나쁘다고 생각해 피하거나 없애는 것이 아니라 생존을 위한 스트레스 때문에 지친 뇌에 즐거움을 주어 재충전하는 것이다.

2. 자연과 친하게 지내고 몸의 움직임을 즐기기

건강만을 목적으로 운동하다 보면 운동이 숙제가 되고 동기도 떨어진다. 자연을 즐기고 내 몸의 움직임을 자연스럽게 느끼는 것 자체가 삶의 목적이 되어야 한다. 그러다 보면 자연스럽게 건강도 찾아온다.

3. 좋은 관계 만들기

행복에 대한 연구에 따르면 좋은 관계를 가진 사람이 더 행복하고 더 성공한다고 한다. 많은 노력이 들어간 연구 결과 치고는 어찌 보면 허무할 정도로 단순하다. 과거부터 내려온 지혜가 맞았던 셈이다. 이해관계가 얽히지 않은 촉촉한 만남을 가지려면 투자가 필요하다.

◇◇

열 손가락 깨물어
더 아픈 손가락이 있던데요

자녀에게 "똑같이 사랑한다"라고 하는 대신 각자의 장점을 격려해 주세요.

#편애하지_않는_부모는_드물다 #그러나_편애는_자녀를_멍들게_한다
#똑같이_사랑한다는_거짓말보다_특별하게_사랑한다는_진실로 #긍정_탐구
#네가_부족해서가_아니야

초등학교 4학년과 2학년 딸을 둔 30대 후반 주부입니다. 머리로는 두 아이를 똑같이 사랑해야 한다는 걸 아는데 뜻대로 되지 않는 게 고민입니다. 저는 유독 둘째에게만 정이 가요. 큰애한테 무슨 문제가 있어서는 아닙니다. 오히려 얼굴도 예쁘고 남을 잘 배려해 학교 친구들은 물론 동네 어른들도 다 좋아합니다. 언니에 비해 동생은 양배추 인형처럼 못생겼고 투정도 심합니다. 그런데도 이상하게 밉지가 않네요. 모범생인 큰딸에게는 엄격한 편인데, 둘째에게는 오냐오냐 딸바보가 되고 맙니다. 큰애도 눈치가 있으니 섭섭해 하고요. 고쳐야지 하지만 편애가 잘 고쳐지지 않네요. 어떻게 하면 좋을까요?

열 손가락 깨물어 안 아픈 손가락 없다고 하지만 아픈 정도는 얼마든지 다를 수 있다는 연구 결과가 있습니다.

미국 캘리포니아 대학 데이비스 캠퍼스 연구진이 아이 768명과 부모를 조사한 결과 아버지의 70%와 어머니의 65%가 편애하는 자식이 따로 있는 것으로 나타났습니다. 부모 셋 중 둘 이상이 편애를 인정했다는 얘기입니다. 편애하는 사실을 인지하지 못하는 부모까지 감안하면 통계적으론 편애하지 않는 부모가 소수인 셈입니다.

이 연구에서 편애 대상은 맏이가 가장 많았습니다. 물론 막내도 적지 않았습니다. 건강한 자녀를 편애하는 부모가 있는가 하면 약한 자녀를 편애하는 부모도 있었습니다. 편애의 이유도 각양각색이었죠.

부모들은 저마다 다르게 편애 이유를 설명하지만 실제 중요한 요소는 얼마나 나와 비슷한가 하는 유사성입니다. 외모든 행동이든 닮은꼴 자녀한테 마음이 더 간다는 것입니다. 엄청 속을 썩이는데도 마음이 더 가는 자식이 있다면 내 닮은꼴이 아닌가 생각해 보세요. 과거에 좀 놀았던 부모가 모범생 자녀를 좋아할 것 같지만 실제로는 노는 자녀한테 몰래 용돈을 더 챙겨 줍니다. 무의식에서 작용하는 동질감 때문에요.

편애, 부모에게는 본능이지만 아이에게는 상처

누군가를 좋아하거나 미워하는 건 순식간에 결정됩니다. 논리적이거나 이성적이지 않다는 거겠죠. 이런 감정에 여러 이유를 대지만 그건 나중에 만들어 붙인 얘기고, 실은 0.3초 만에 좋고 싫음이 본능적으로 정해집니다. 자녀 사랑도 마찬가지입니다. 본능적으로 마음이 더 가는 아이가 정해지는 거지요.

편애는 본능적이고 일반적이지만 당연히 양육에는 좋지 않습니다. 더 사랑받는 아이는 지나치게 의존성이 생길 수 있고, 덜 사랑받는 아이는 사랑을 얻기 위해 과도하게 노력하는 강박적 경향을 가질 수 있기 때문입니다. 오랜 세월이 흘렀는데도 부모의 편애로 상처받은 마음이 회복되지 않아 병원을 찾는 사람도 적지 않습니다.

예컨대 40대 중반의 한 주부는 어린 시절 홀어머니가 오빠를 편애했던 상처가 아직까지 남아 있다고 털어놓더군요. 어머니에게 사랑받기 위해, 더 정확히는 어머니에게 버림받지 않으려고 청소년 시절 죽도록 노력했다고 합니다. 어머니가 좋아하는 모범생 딸이 되려고 한 겁니다.

그러나 좋은 대학에 가고 훌륭한 가정을 이뤘는데도, 아직도 마음속엔 오빠만 사랑하던 어머니에 대한 섭섭함과 좌절이 가득 차 있었습니다. 그러다 보니 남부럽지 않게 살면서도 항상 불안하고 표현 못할 분노감에 힘들어 했지요. 스스로를 채찍질해서 나를 사랑받을 만한 존재로 만들었지만 아직도 '나는 사랑받을 가치가 없다'는 낮은 자존감을 갖고 있는 겁니다.

자존감이 떨어지면 대인관계에 문제가 생길 수밖에 없습니다. 다른 사람이 날 좋아할 거라는 확신이 없기에 만남은 늘 불안하고 사랑받기 위해 지나치게 노력합니다. 자기 마음을 표현했는데 상대가 반응하지 않으면 쉽게 좌절하고 분노하기도 하죠. 그러니 대인관계는 점점 위축됩니다.

주변에서는 이런 사실을 눈치채지 못하는 경우도 흔합니다. 남에게 싫다는 소리를 잘 못하고 항상 남을 먼저 배려하기에 주변의 평가는 "천사표"입니다. 실제로 이 여성도 표정만은 천사 같았습니다. 부정적 감정을 얼굴에 담을 용기가 없었던 거죠. 상대가 나를 거절할지 모른다는 두려움이 천사 얼굴을 만든 것입니다.

문제는 이로 인해 자신이 부모 역할을 하는 데도 어려움이 생긴 겁니다. '나도 어머니처럼 편애를 해서 내 애가 나처럼 상처받지 않을까' 하는 두려움을 갖고, 또 다른 측면에선 부모와의 문제가 해결되지 않아 스스로 부모 역할을 할 마음을 먹지 못합니다.

예로 든 40대 여성 역시 "자녀를 어떻게 키워야 할지 몰라 두렵다"라며 자녀에 대한 미안함을 계속 호소했습니다. 그래서 고민 끝에 자녀를 모두 조기유학을 보냈답니다. 주변에서는 자녀의 성공을 위한 결정으로 알고 있지만 실은 아이들을 상처 주지 않고 키울 자신이 없었기 때문이라고 털어놓았습니다.

그래도 이 여성의 자녀들은 엄마를 좋아하고 잘 성장했습니다. 엄마가 집착하지 않고 잔소리도 하지 않았기 때문에 엄마를 친구처럼 좋아한답니다. 정작 엄마는 스스로 엉망이라고 생각하는데도 말이죠. 다행히도 편애로 생긴 심리적 결핍이 자녀양육에 긍정적으로 작용한 경우입니다.

각각 특별하게 사랑하라

사연 주신 분 이야기로 돌아가 볼까요. 편애 역시 본능이니 어찌할 수는 없습니다. 그러나 부모 사랑에 예민하게 반응하는 자녀 입장에서 부모의 편애는 평생 가는 심적 고통이 될 수 있습니다. 부모가 편애를 숨기려고 똑같이 사랑하는 척해도 아이들은 금방 눈치챕니다. 그러니 똑같이 사랑한다는 메시지를 주려고 하기보다 각각 특별하게 사랑한다는 느낌을 주는 게 더 효과적입니다.

예를 들어 4학년 딸과 하는 놀이와 2학년 딸과 하는 놀이를 달리하는 것입니다. 나만의 놀이로 놀아 줄 때 아이들은 '나를 특별하게 생각하는구나' 하고 느끼거든요. 아이들을 비교하는 말은 절대 금지입니다.

모든 사람에겐 장단점이 있습니다. 장점을 칭찬하고 격려해 주세요. 이를 긍정 탐구(appreciative inquiry)라 하는데요. 아이들이 자신의 약점 때문에 부모에게 사랑받지 못한다는 좌절에 빠지지 않고, 자신의 긍정적인 부분을 극대화해 부정적인 면을 극복하는 삶의 전략을 배워 갈 수 있습니다.

안 보면 잘하고 싶고 얼굴 보면
짜증이 나는 그 이름, 엄마

> 스트레스를 엄마에게 풀고 계시네요.
> 우리 후회하지 말고 효도합시다.

#그래도_엄마는_늘_그_자리에 #논리적인_대화는_깔끔하게_포기하자
#사춘기_저항은_독립연습 #어른의_저항은_후회뿐

저는 30대 여성입니다. 어느 순간부터 엄마의 목소리와 말하는 스타일이 귀에 거슬려 엄마가 무슨 말만 하면 짜증이 납니다. 엄마는 참 성실하고 저에게도 헌신하셨어요. 그래서 저도 엄마에게 잘하고 싶고 대화도 많이 하고 싶은데 무슨 얘기라도 할라 치면 일단 짜증부터 내게 돼요. 엄마에게 미안하기도 하고 후회도 되고, 나는 왜 이럴까 하는 마음에 제 자신이 싫어집니다.

저희 엄마는 말할 때 약간 더듬고 천천히 말씀하십니다. 예전엔 안 그랬던 것 같은데 엄마 말투가 바보같이 변해서 싫은 건지, 아니면 제 정신이 이상해진 건지 모르겠어요. 대체 이런 짜증은 왜 생길까요?

저도 엄마에게 짜증을 낼 때가 있습니다. 마음은 엄마가 세상에서 제일 소중한 존재라는 걸 아는데 입은 엉뚱한 소리를 뱉고 있으니 기가 막힐 노릇이죠.

자녀가 엄마에게 짜증을 내는 건 사춘기 때 흔하죠. 사춘기의 저항은 발달 과정상 심리적 독립과 연관이 있습니다. 엄마의 사랑을 믿고 엄마에게 저항하면서, 나는 엄마에게서 분리된 존재라는 독립 연습을 하는 셈입니다.

즉 내가 저항하고 미운 말을 하더라도 엄마가 나를 끝까지 놓지 않을 것을 알기에 마음 편히 엄마에게 앙탈을 부릴 수 있는 것입니다. 이런 과정을 통해 엄마와 나 사이에 선을 그어 나는 독립된 개체라는 인식을 만들고, 동시에 항상 같은 자리에서 날 사랑하는 엄마를 보면서 그 따뜻함을 내 마음에 가져오게 됩니다. 엄마의 사랑을 내재화하는 것이죠. 그러다 살면서 자괴감에 빠졌을 때, 내 마음에 담긴 엄마의 따뜻함이 나를 위로해 주는 겁니다. 엄마가 옆에 없더라도 말이죠.

사춘기를 지나 성인이 되어서도 엄마한테 투덜거릴 수 있습니다. 말하자면 사춘기로의 퇴행이죠. 어린아이로 돌아가 투정을 부리면서 어른으로서 받고 있는 스트레스를 엄마한테 푸는 겁니다. 나이 들어서 하는 투정은 독립연습이 아니라 다시 엄마의 어린아이로 돌아가려는 행동입니다.

물론 일시적 퇴행은 잠시 마음을 쉴 수 있게 해줍니다. 내 마음의 에너지가 고갈되어 있는 상태에서 엄마한테 슬쩍 의존해 엄마의 에너지를 받는 것이지요.

그러나 이런 일이 자주 있으면 나는 스트레스를 풀지 몰라도 엄마에겐 스트레스가 쌓이고, 사연 주신 분처럼 결국은 본인도 엄마에게 미안한 마음에 스트레스가 쌓입니다.

사연 주신 분, 엄마 말투가 마음에 들지 않을 수 있습니다. 부모 자식이라고 해서 궁합이 다 맞을 리 없으니까요. 그러나 엄마에게 짜증을 내는 건 말투가 마음에 들지 않아서만은 아닐 겁니다. 그걸 핑계로 사춘기 시절로 돌아가 편히 투정을 부리는 거죠.

효도는 본능이 아니라서 어렵다

효도는 본능이 아닙니다. 효도란 부모를 잘 섬기는 도리죠. 도리란 사람이 어떤 입장에서 마땅히 행해야 할 바른길을 이야기합니다. 도리는 우리 몸에 에너지가 떨어지면 자동으로 식욕이 당기는 본능과는 다릅니다.

그래서 효도가 어렵습니다. 욕망을 충족하는 행동이 아닌 가치 지향적 행동이니까요. 우리가 배운 삶의 가치대로만 산다면 세상에 무슨 문제가 있겠어요. 그러나 아는 것과 실천하는 것은 다릅니다. 가치를 좇는 데에는 상당한 노력과 수련이 필요합니다.

헌신적인 엄마한테 효도하고 싶은데 엄마 목소리만 들어도 짜증을 내게 된다고 하셨죠. 그렇다면 혹시 효도는 두 번째 문제 아닐까요? 사는 게 힘들다고 엉뚱한 이유를 대서 부모에게 스트레스를 푸는 게 자식들입니다. 약간만 정신 줄을 놓으면 괜히 부모와 언쟁을 하려는 우리를 발견하곤 하죠. 상사한테 그랬다간 온전히 회사에 다니기 힘드니, 나를 사랑해 주는 만만한 부모한테 세상 스트레스를 푸는 겁니다.

또한 부모는 심리적으로 거대한 존재이기에 부모에게 함부로 말하고 나면 괜히 내가 큰사람이 된 듯한 느낌도 무의식적으로 받게 되고요. 그러나 후회는 금방 찾아옵니다. 내게 제일 소중한 부모의 사랑에 상처를 냈으니까요.

짜증을 냈더라도 바로 달려가 "잘못했어요" 하고 재롱부리면 또 좋아라 하는 게 부모입니다. 그러나 부모님이 아프셔서 또는 고령으로 남은 삶이 얼마 없다면 투덜거리기를 멈추어야 합니다. 부모님께서 살아 계실 땐 섭섭한 기억과 마음이 주로 있겠지만, 부모님이 돌아가시고 나면 신기하게도 그 순간부터 부모님이 주신 따뜻한 사랑의 기억만 떠오르는 것이 우리 마음이기 때문입니다. 투덜거리기만 하다 떠나 보내면 얼마나 큰 한이 평생 남을까요.

부모와 함께하는 힐링, 시 읽기

부모님과 함께하는 힐링법으로 시 읽기를 권해 드리고 싶습니다. 시를 공부하라는 게 아니라 그냥 읽는 겁니다. 왜, 구구절절한 이야기보다 한 구절 시에 더 감동할 때가 있잖아요. 시는 메타포 위에 얹혀 있습니다. 메타포는 은유라고 하죠. '원관념인 A는 보조관념인 B다' 이런 형식으로 원관념은 숨기고 대상의 속성을 보조관념으로만 표현하는 것이죠. 이런 시적 소통이 논리적 소통보다 마음에 강한 여운을 남길 수 있습니다.

예를 들어 볼까요. '인생은 여행이다.' 어떤 느낌이 드시나요? 여기서 인생이 원관념이고 여행이 보조관념인데요, 쉽게 인생의 윤곽이 그려지는 느낌을 받습니다. '인생이 무엇인지 설명해 봐'라는 질문을 받으면 머리에 수많은 생각이 떠올라도 막상 설명하기 쉽지 않습니다. 그러나 '인생은 여행이다' 이렇게 메타포를 활용해서 이야기하면 인생의 한 단면이 쏙 이해됩니다. 여행이라는 단어가 인생이란 단어에 비해서 훨씬 시각적이며 손에 잡히기 때문이죠. 시작과 끝이 있고 많은 우연과 필연의 만남이 존재하는, 그런 여행 같은 특징이 인생에 존재한다는 의미로 금방 와닿는 겁니다.

그래서 시적 소통, 즉 메타포 커뮤니케이션은 힐링을 위한 심리 치료에서도 활용합니다. 논리적인 말보다 은유적인 시가 내 마음에 더 큰 위로를 줄 수 있기 때문입니다. 꼭 복잡한 시를 읽을 필요 없습니다. 대중가요 가사도 시죠. 가요를 틀어 놓고 천천히 가사를 함께 읽는 것도 좋습니다.

스트레스에는 단것!
단것만 찾아요

> 단것에 집착하는 당신,
> 마음이 고프시군요.

#중독은_인생의_고통을_덜어주는_쾌감 #자극에_반응하는_뇌를_잠시_끄기
#연민_시스템_스위치_온 #정서적_허기 #단것으로는_마음의_허기를_채우지_못한다
#분명한_것은_살은_더_잘_찐다는_것

29세 여성입니다. 전 단것을 너무 좋아해요. 특히 일이 잘 안 풀리거나 속상한 일이 있으면 더 집착합니다. 심할 때는 차와 사무실에 사탕과 초콜릿을 잔뜩 쌓아 놓고 밥도 안 먹고 계속 먹어대요. 그래서 치아에도 문제가 생겼고 소화가 잘 안 될 때도 많습니다. 친구들은 차라리 술을 마시라고 할 정도인데 정작 술은 전혀 못합니다. 단것 중독인가 싶어서 억지로 끊으려 했더니 엉뚱하게 피우지도 않던 담배를 하루 두 갑이나 피우게 되더군요. 지금은 자포자기해서 그냥 단것을 흡입하고 있습니다.

저 설탕 중독인가요?

설탕이 마약도 아닌데 무슨 중독이냐 싶으신가요? 아닙니다. 설탕에도 중독될 수 있습니다. 중독이란 단어는 어감이 나쁘죠. 하지만 우리가 중독되는 건 생존에 절실하게 필요한 경우가 대부분입니다. 절실하기 때문에 엄청난 쾌감을 일으키는 거죠.

유명한 해외 골프 선수가 섹스 중독 치료를 받았다는 기사, 기억하시나요? 섹스에 중독됐다는 건 그만큼 섹스가 쾌감을 주기 때문입니다. 쾌감을 주지 않으면 아무도 사랑을 나누지 않을 것이고 인류는 2세를 만들지 못해 사라질 수밖에 없을 겁니다. 문제는 섹스의 쾌감 자체가 아니라 지나치게 탐닉하는 거죠. 이러면 삶이 망가질 수 있기에 치료를 받는 겁니다.

설탕 역시 생존에 매우 소중합니다. 심장이 뛰어도 뇌가 죽었으면 살아 있다고 보기 어렵겠죠. 그만큼 소중한 뇌가 주요 에너지원으로 활용하는 게 당분입니다. 아침에 달달한 커피 한잔을 마셔야 머리가 돌아가는 느낌이 드는 분들이 적지 않지요? 달달한 당분이 덜 깬 뇌에 시동을 거는 셈입니다. 설탕이 이렇게 중요하니 우리 뇌가 강렬하게 반응하는 겁니다.

인생의 고달픔이 불러온 '중독'

설탕을 먹을 때도 마약을 했을 때만큼 쾌감을 느끼게 하는 도파민이 콸콸 쏟아집니다. 쾌감이 크니 당연히 중독 가능성이 있겠죠.

중독을 의학적으로 설명하면 특정 물질의 과도한 사용으로 내성과 금단증상이 생긴 상태입니다. 내성은 같은 효과를 보기 위해 더 많은 자극이 필요한 겁니다. 처음에는 설탕 한 스푼에도 도파민이 콸콸 나왔는데 시간이 지나면 한 스푼 정도로 나오는 도파민 양이 줄어듭니다. 그런데 과거 느꼈던 쾌감의 기억은 그대로 남아 있기에 그 쾌감을 다시 느끼기 위해 점점 더 설탕을 많이 먹게 되는 것입니다.

금단증상은 내성의 다른 모습입니다. 같은 효과를 위해 더 많은 자극이 필요한 만큼 그 자극이 없을 때는 몸과 마음이 자극을 내놓으라고 으르렁대죠. 그러니 단것을 폭식하다가 '이래서는 안 되지' 하는 생각에 갑자기 끊었다가 금단증상을 겪고는 다시 단것을 폭식하기를 반복하는 겁니다.

단것을 끊었더니 안 피우던 담배를 두 갑이나 피우게 되었다고요? 담배의 니코틴으로 설탕을 내놓으라 으르렁거리는 뇌를 진정시키셨군요. 법으로 마리화나처럼 약한 마약까지 철저히 관리하는 건 이처럼 점점 더 강한 마약으로 옮겨 갈 수 있기 때문입니다.

설탕과 술, 그리고 담배는 중독성 면에서 보면 '허락된 마약'인 셈입니다. 건강을 위해서는 당연히 멀리해야겠죠. 하지만 쉽지 않습니다. 어쩌면 이런 걸 끼고 산다는 것 자체가 인생이 고달프다는 의미일 겁니다.

아무리 열심히 살고 성공했어도 노화를 피할 길 없고, 언젠가는 죽어야 하는 게 인생입니다. 그러나 가치 있는 인생을 살려고 노력하는 것과 인생 본질에 짙게 깔려 있는 철학적 허무는 다른 차원입니다. 담배 한 모금, 한잔 술, 그리고 달콤한 음식 없이 맨 정신으로는 살기 힘든 게 인생 아닐까요.

자, 다시 설탕 중독으로 돌아가 보죠. 설탕 중독에서 벗어나고 싶다고 설탕과 싸워 봐야 답이 없습니다. 아무리 의지가 강해도 내 본능이 설탕을 원하면 이기기가 쉽지 않습니다. 설탕을 대신해 나를 위로해 줄 것을 찾아야 합니다. 그게 뭘까요?

뇌에는 중독성 있는 쾌감 시스템도 있지만 좀 심심한 듯해도 내성 없이 잔잔하게 뇌를 위로하는 시스템도 있습니다. 이를 연민 시스

템이라 부르기도 하는데요. 연민 시스템을 활성화하려면 자극적인 것에 반응하는 뇌를 잠시 끄고 잔잔히 내 마음을 바라보는 훈련이 필요합니다. 사실 중독은 자극에 몸과 마음이 끊임없이 반응하다가 발생하죠. 그래서 반응을 끊는, 차로 치면 기어를 중립으로 놓는 훈련을 하는 겁니다.

심리적 허기가 가져오는 마음비만

살이 찌는 것은 몸에 필요한 에너지보다 더 많은 에너지를 섭취해서, 잉여 에너지가 지방 등으로 축적되기 때문입니다. 그럼 왜 몸이 필요한 것보다 더 먹는 걸까요? 몸이 느끼는 신체적 허기에, 마음이 힘들 때 찾아오는 심리적 허기를 전부 음식으로 채우기 때문입니다. 달달한 음식이 일종의 마약 역할을 하는 것이죠. 실제로 음식 중독이란 용어가 있습니다. 우리를 괴롭히는 비만의 상당 부분은 마음에서 찾아오는 마음비만인 셈입니다.

비만이 전염병처럼 늘어 가고 있습니다. 그 원인을 '먹을 것이 풍족해져서'라고 하는 사람도 있지만, 많은 게 문제라면 단순히 안 먹으면 그만 아닌가요. 그보다는 신체적 허기를 해결하는 것만으로는 채워지지 않는 심리적 허기가 현대 비만의 바이러스입니다.

애주가라면 이런 경험이 있을 것입니다. 회식에서 1차로 삼겹살에 소주 한잔, 남은 동료들과 2차로 치킨에 맥주를 먹고 배가 빵빵해진

귀갓길. 그때 불현듯 찾아오는 외로움과 삶의 무게에 홀로 포차에 앉아 우동 한 그릇으로 마음의 허기를 채운 기억 말이죠. 여기에 신체적 허기는 없습니다. 심리적 허기만이 있을 뿐입니다.

열심히 직장생활을 한 연륜의 나이테라도 되는 듯, 늘어나는 뱃살은 빼기가 쉽지 않습니다. 왜 식욕조절은 그토록 어려울까요? 그것은 감성의 뇌가 그 부분을 담당하기 때문입니다. 우리가 느끼는 허기의 최소 4분의 1, 때론 반 이상이 심리적 허기, 즉 정서적 허기(emotional hunger)입니다. 배가 고파서 먹는 게 아니라 마음이 고파서 먹는 거죠.

배가 고플 때만 먹는다면 살이 찔 이유가 없어요. 몸은 필요한 만큼만 에너지를 원하기 때문입니다. 나머지는 정서적 허기 때문입니다. 이로 인한 에너지 섭취는 과잉이죠. 그래서 고스란히 배와 허벅지의 지방 저장 창고에 차곡차곡 쌓입니다.

다음은 육체적 허기와 정신적 허기를 구별하는 법입니다.

육체적인 허기	정서적인 허기
조금씩 심해진다.	갑자기 심해진다.
목 아래에서 나타난다. (배에서 꼬르륵)	목 위에서 나타난다. ("아이스크림 먹고 싶다")
식사 후 몇 시간 지나서 나타난다.	시간에 관계없이 나타난다.
배가 부르면 사라진다.	배가 부른데도 계속된다.
먹고 나면 만족감을 느낀다.	먹고 나면 후회하며 자책감을 느낀다.

배는 부르나 마음이 허전하면 그만큼 폭식을 하게 됩니다. 일시적인 만족은 있어도 곧 후회를 하고, 그래도 본질적인 심리적 허기는 채울 수 없기에 중독에 의한 내성은 심각해집니다. 점점 더 많이 먹어야 마음의 허기를 채울 수 있는 것입니다. 성인병의 최대 적인 복부 비만은 보상받지 못한 슬픔의 합병증입니다.

스트레스 받을 때 먹으면 살이 더 찐다

많은 현대인들이 스트레스를 먹는 걸로 풀죠. 일이 잘 안 풀리는 것도 속상한데 방에는 과자봉지가 뒹굴고 체중까지 느니 괴롭습니다. 스트레스 받을 때 먹으면 살이 더 금방 찌는 것 같은 느낌도 들 겁니다.

바쁜 일상으로 뇌가 지쳤을 때, 혹은 인간관계로 짜증났을 때 마구 뭔가 먹고 싶은, 그야말로 음식을 다 흡입하고 싶은 욕구가 뇌에서 정신없이 요동치는 것을 느끼게 됩니다.

이유는 앞에서 이야기한 것처럼 스트레스가 엉뚱하게 식욕중추를 건드려 식욕을 돋우기 때문입니다. 맛있는 것을 먹으면 쾌감이 느껴진다는 걸 뇌가 경험상 알고 있어, 뇌가 음식을 먹을 때 발생하는 쾌감으로 부정적인 감정들을 내몰려고 하는 것이죠. 음식을 항우울제처럼 사용하는 것이나 마찬가지입니다. 이때 과도한 섭취로 체중 증가까지 이어지고요.

그런데 속상한 건 스트레스를 받을 때 먹으면 살이 더 찐다는 것입니다. 여성을 대상으로 스트레스 수준과 칼로리 연소 사이의 관계를 알아본 연구가 있습니다.

먼저 실험에 참가한 여성들의 스트레스 수준을 평가했는데 전날 남편이나 남자친구와 싸웠거나, 아이가 말을 안 들어 화를 낸 일들이 있었습니다. 그리고 달걀, 소시지, 비스킷 등 총 930킬로칼로리의 식사를 제공하고 신진대사량을 측정했습니다. 그러자 최근 24시간 동안 스트레스를 많이 받은 여성들의 연소량이 평균 104킬로칼로리 더 적은 것으로 나타났습니다.

1년으로 환산하면 몸무게가 5킬로그램 증가할 수 있는 수치니, 열받을 때마다 먹는다면 2년 만에 수치상으로 10킬로그램이 늘어난다는 이야기입니다.

이런 현상이 일어나는 이유는 뭘까요? 스트레스 받은 뇌는 현재 상황을 위기로 인식해 에너지를 지방으로 축적하려고 하기 때문입니다. 화가 나서 뇌한테 쾌감을 주려고 음식을 먹었는데 뇌는 미래의 전투에 대비해서 에너지 소비량을 줄이고 배에 지방을 축적한다는 이야기죠.

그래서 스트레스를 받을 때 무언가 먹고 싶다면 칼로리는 적으면서 스트레스는 해소될 만한 나만의 무기를 구비해야 합니다. 예를 들어 오이 같은 것이 있겠네요. 아드득 깨물어 먹으며 스트레스를 푸는 겁니다. 유치해 보이나요? 이래 봬도 논문에 실린 해법입니다.

한밤중에 양푼에 밥을 비벼 먹는 데에 신체적 허기는 없습니다.

식욕조절중추가 이성의 뇌 영역 안에 존재한다면 쉽게 뜻대로 식욕을 조절할 수 있을 텐데, 이게 웬 심술인가요. 식욕조절은 맘대로 움직일 수 없는 감성 시스템이 담겨 있는 뇌의 깊은 곳, 시상하부라는 곳에서 담당합니다.

식욕조절 스위치는 두 가지 조건이 동시에 충족되어야 내릴 수 있어, 조금 복잡합니다. 하나는 '배가 부르다' 하는 포만감입니다. 그리고 '아, 배도 부르고 삶은 내가 원하던 대로야'까지 되어야 식욕조절 스위치가 내려갑니다. 신체적 허기는 채웠어도 마음의 허전함이 그대로라면 감성 보상 신호가 켜지지 않고 심리적 허기가 지속되어, 무섭게 먹도록 만듭니다.

스트레스가 많을 땐 다이어트를 하면 안 됩니다. 음식까지 들어오지 않으니 감성이 더 큰 스트레스를 받기 때문입니다. 다이어트의 시작은 굶는 것이 아닌 지친 마음을 위로하는 것에서 시작해야 합니다. 스트레스를 많이 받는 상황이라면 차라리 지인들과 마음 편하게 식사를 즐기는 편이 좋습니다.

이럴 땐 체중 따위는 잊어버리세요. 살이 찔까 마음 졸이며 먹느니 차라리 '오늘은 즐기자'는 마음으로 편히 식사하는 편이 내 몸과 마음의 건강을 지키는 데 도움이 됩니다. 정말 살을 빼려면 시간이 지나 스트레스 상황이 지나가고 나서, 아니면 같은 상황이라도 마음의 평정을 유지하게 된 시점부터 조금씩 시도해 보는 것이 효과적입니다.

자꾸만 깜빡깜빡,
혹시 조기치매면 어쩌죠?

> 자꾸 까먹는 건 삶이 너무 바쁘고
> 재미없어서가 아닐까요.

#치매와_건망증의_차이 #번아웃_신드롬 #바쁜_삶과_거리_두기
#삶의_가치는_나중에_찾는_게_아니라_매일매일_저장하는_것

49세 주부입니다. 요즘 걱정거리가 생겼습니다. 조기치매가 아닌가 의심될 정도로 기억력이 엉망입니다. 도무지 생각나는 게 없어요. 오랜 친구의 이름이 기억 안 나 무안했던 경험은 기본이고, 얼마 전에는 더 황당한 일도 있었습니다. 백화점에 장 보러 갔다가 더운 날씨에 땀 뻘뻘 흘리며 겨우 택시 잡아타고 집에 돌아왔는데 이게 웬일입니까. 다시 나갈 일이 있어 지하 주차장에 내려갔더니 차가 없는 거예요. 도난당했나 덜컥 겁이 나 경찰에 신고하려는데 그제야 백화점에 멀쩡한 차를 놔두고 택시 타고 온 게 기억났어요.

큰이모가 치매를 앓고 계셔서 더 걱정이 됩니다. 조기치매일까요?

일단 조기치매는 아닙니다. 스스로 생각할 때 건망증이 심해 치매가 아닌가 생각하는 걸 두고 '주관적 기억력 감퇴'라고 합니다. 주관적 기억력 감퇴는 있지만 가족이나 친한 친구들이 이상한 점을 못 느끼면 치매는 아니고 그냥 건망증입니다.

정말 치매에 걸렸다면 오히려 증상을 숨기거나 부인하는 경우가 많습니다. "나 멀쩡한데 왜 병원 데려와서 치매 검사를 받게 해"라며 역정을 내시지요.

단순 건망증을 두고 치매에 걸린 게 아닌가 염려하는 사람도 있지만 거꾸로 기억력이 떨어진 걸 아닌 척 숨겨서 의사를 당황하게 하는 경우도 있습니다. 어떤 환자는 본인 증상은 본인이 더 잘 안다며 "내 딸이 의사예요"라고 말합니다. 그러면 다시 묻죠. "무슨 과 선생님이세요?" 그럼 "음, 그게 내가 신경을 쓰지 않아서 기억을 못하는데……"라고 대답합니다.

서글프지만 나이가 들면 누구나 기억력이 조금씩은 떨어집니다. 그런데 요즘은 청소년도 치매 걱정을 한다는군요.

건망증은 번아웃 신드롬의 대표적인 증상입니다. 스마트폰에 비유하자면 뇌(이성)는 스마트폰 본체에 해당합니다. 스마트폰이 점점 똑똑해지듯이 현대를 사는 우리의 이성 시스템은 과거 조상들보다 훨씬 많은 지식을 담고 있고 더 빠르게 운영되고 있죠. 이성이 본체라면 감성 시스템은 스마트폰의 배터리에 해당합니다. 아무리 본체가 최신형이고 우수해도 배터리가 번아웃(소진)돼 버리면 제대로 작동하지 않습니다. 깜빡깜빡 하는 거죠.

감성 에너지가 번아웃되어 나타나는 건망증 때문에 지인 이름이 떠오르지 않고, 백화점에 차를 두고 오는 해프닝을 일으킵니다. 그러나 이 정도는 웃고 지나가면 그만입니다. '내 뇌가 지쳐서 그렇지 치매는 아니야'라며 안심시켜 주세요. 정말 문제는 사람 이름이나 사건이 기억나지 않는 게 아닙니다. 내가 보낸 오늘 하루의 의미와 가치가 기억되지 않고 날아가 버리는 게 더 큰 문제지요.

오늘 하루, 삶의 의미와 가치를 기억하자

저도 건망증이 심합니다. 멀쩡하게 자주 쓰는 약 이름이 갑자기 생각나지 않아 진료를 보다 말고 몰래 인터넷으로 이름을 검색할 때도 있습니다. 요즘은 아예 뻔뻔하게 환자들에게 이야기합니다. 처음엔 실력 없다 불안해 할 줄 알았는데 "주치의까지 깜빡한다니 오히려 위안이 된다"라며 웃으며 돌아가시더군요. 하지만 약 이름은 까먹더라도 내 삶의 가치는 놓치고 싶지 않습니다.

의미치료 이론의 창시자 빅터 프랭클(Viktor Frankl) 박사는 "삶의 의미와 가치를 아는 사람은 어떤 고난도 이겨 낼 수 있다"라고 말합니다. 이 말이 힘을 갖는 것은 그가 직접 겪은 고초 때문입니다.

정신과 의사인 그는 유대인이라는 이유로 히틀러 시절 아우슈비츠 수용소에서 여러 해 고생했습니다. 매일 아침 남녀가 발가벗긴 채 일렬로 세워져 신체검사를 받고 검시관 손가락 하나에 가스실에 끌려가 싸늘한 시체가 되는 일을 목격해야 했습니다. 다음 날 죽을지 살지조차 모르는 극도의 불안 속에서, 인간 존엄성이라고는 찾아볼 수 없는 세월을 몇 년이나 견딘 것입니다.

그런데 프랭클 박사는 하루살이보다 못한 이런 환경에서도 인간이 삶의 의미와 가치를 찾기 위해 끊임없이 노력한다는 걸 발견합니다. 그렇게 인간의 가장 큰 욕망은 삶의 목적과 가치를 찾는 것이라는 결론에 이르게 되죠. 달리 말해 내 삶의 의미를 잊는다는 것은 가장 소중한 욕망에 대한 좌절입니다.

어떻게 하면 내 삶의 가치를 잊지 않고 소중하게 기억하며 살아갈 수 있을까요? 우리 상식으론 하루하루 집중해서 열심히 사는 게 제일 좋은 방법이 아닐까 싶습니다. 그런데 프랭클 박사의 의미치료 이론에서는 거꾸로 이야기합니다.

삶의 가치를 잘 느끼기 위한 테크닉으로 역설적 의도(paradoxical intention)를 이야기하는데요, 한마디로 너무 열심히 살면 오히려 삶의 가치를 잘 느낄 수 없다는 것이죠. 바쁜 삶과 거리를 두는 연습을 해야 삶의 가치를 느끼고 소중하게 기억할 수 있다는 겁니다.

움직이지 않는 가치에 몰입하기

우리는 삶의 성취를 위해 열심히 뜁니다. 그런데 성취를 이루는 것과 즐기는 것은 다릅니다. 여기에 균형이 필요하죠. 열심히 노력해

수많은 성과를 올렸으나 그걸 음미하고 즐기지 못한다면 무슨 소용입니까. 덜 성취했지만 잘 즐기는 사람보다 불쌍할 뿐이죠. 자본주의상에서 서열은 높은데 마음은 가난한 것과 같습니다.

성취를 위해 달려갈 때는 전투 시스템을 전력 가동하여 생존에 집중하게 됩니다. 불안한 마음은 전투 시스템이 작동 중이라는 증거입니다. 위기 상황에 잘 대응하기 위해서죠.

하지만 삶의 가치에 집중할 때는 이완 시스템이 작동합니다. 주변은 눈에 들어오지 않고 내게 소중한 것에 몰입하게 됩니다. 거리 두기란 주변을 경계하는 불안한 마음을 나에 대한 몰입으로 바꾸는 기술입니다.

현대인은 진화 과정상에서 거리 두기를 잘 못하는 사람만 살아남은 셈입니다. 아름다운 꽃에 몰입하고 즐기고만 있으면 옆에서 달려오는 코뿔소에 받쳐 생명을 잃을 확률이 올라갔을 테니까요. 몰입보단 불안-생존 시스템 가동에 능숙한 선조들의 후예가 우리들인 겁니다.

그러나 생존 자체가 삶의 목적은 아닌 만큼 우리는 삶의 가치에 좀 더 몰입해야 합니다. 몰입은 현재에 대한 집중입니다. 불안은 미래에 대한 걱정이고요.

몰입은 여유가 있을 때 가능합니다. 하루 15분만이라도 거리 두기를 통해 삶의 가치에 몰입해 보는 게 어떨까요. 간간이 불어오는 바람을 조용히 느끼는 것, 그것도 몰입입니다. 할 일은 태산같이 쌓여 있지만 조용히 커피 한잔하며 시집을 읽는 것도 몰입입니다.

몰입을 하면 자연스럽게 내 삶의 소중하고 가치 있는 것에 집중할 수 있습니다. 그리고 그런 가치가 내 감성 기억에 저장되고요.

가치를 내 몸에 저장하는 건 인생 후반에 몰아서 할 수 없습니다. 오늘 내 삶의 가치는 오늘 몰입하고 저장해야 오늘이 나에게 의미 있는 하루로 기억되지요.

몰입 없이 바쁘게만 산다면 허무라는 건망증이 찾아올 겁니다.

잠자기가 이렇게
힘들 일인가요?

> 잠들려 하면 깰 것이요,
> 깨려 하면 잠들 것이외다.

#처음엔_고민이_있어서_불면 #다음엔_불면이_불면을_낳는다
#불면은_불안_신호에_대한_반응 #불면치료는_도의_영역이니
#노력_안_하는_노력이_최선이라

48세 전업주부입니다. 잠을 잘 못 자서 너무 힘듭니다. 누우면 금세 잠이 들기는 하는데 몇 시에 자든 새벽 1~2시면 꼭 깨요. 이때부터 자다 깨다를 반복합니다. 그러다 꼴딱 밤을 새울 때도 있고요. 그러니 아침에 일어나도 늘 머리가 무겁습니다. 이런 걸 이해 못하는 남편 때문에도 화가 나요. 잠을 제대로 못 자서 피곤하다고 하면 "그게 대체 무슨 소리냐. 어젯밤에도 금방 잠들고는 코까지 골던데"라며 꾀병 환자 취급합니다. 팔자 좋다며 비아냥거리기까지 하고요. 그래서 큰 부부싸움으로 번진 적도 있어요. 제 불면증을 이해해 주지 않는 남편 때문에 잠이 더 오지 않는 것 같습니다.

이것부터 말씀드리죠. 불면증, 맞습니다. 좋은 수면은 빨리 잠드는 것뿐 아니라 중간에 깨지 않고 깊이 자고, 일어나면 개운한 걸 말합니다.

수면에는 단계가 있습니다. 잠드는 건 수면 진입, 깨지 않고 잘 자는 건 수면 유지입니다. 사연 주신 분은 수면 진입은 어느 정도 되는데 유지가 안 되는 상황입니다. 잠은 시간만큼 깊이도 중요하지요.

많은 사람들이 코골며 자는 걸 깊게 자는 것으로 생각하는데 전혀 그렇지 않습니다. 오히려 코골이가 수면을 방해할 수도 있어요. 수면의 깊이를 지하 4층이라고 하면 지하 3~4층까지 쭉 내려가야 깊은 잠입니다. 수면을 통해 뇌가 충분히 회복되면 아침에 일어났을 때 개운하죠.

하지만 하루에 10시간씩 자도 잔 것 같지 않을 때도 있습니다. 지하 1~2층 정도로 얕은 잠을 잤기 때문입니다. 뇌 스위치가 꺼지지 않고 언제든 일어날 준비를 한 상태였던 겁니다. 밤새 야간경계 근무를 했다고 하면 쉽게 이해하시겠지요?

잠이 오지 않는 이유

불면증의 원인은 무엇일까요? 고민이 있거나 스트레스를 많이 받으면 불면증에 시달릴 수 있습니다. 하지만 애초에 수면을 방해하던 고민거리가 사라졌는데 불면증에 시달리기도 합니다. 이것이 바로

만성 불면증입니다. 불면이 불면을 만든 거죠.

예를 들어 '왜 일이 잘 안 풀릴까' 하는 스트레스 요인이 맨 처음 불면을 야기했지만 이젠 '오늘도 새벽에 깨서 밤을 꼴딱 새면 어떡하지' 하는 걱정이 수면을 방해하는 겁니다. 이런 악순환이 걱정거리 없는 불면을 만듭니다.

물론 근심 하나 없는데 잠이 오지 않는 경우도 있습니다. 이렇게

갑작스러운 불면으로 인한 괴로움을 호소하는 분이 늘고 있죠.

불면에 대해 얘기하기 전에 잠에 대해서 알아보겠습니다. 사람은 왜 잠을 자야 하는 걸까요? 조물주가 기술이 부족해 24시간 작동하는 뇌를 만들 수 없었던 것일까요? 정확한 이유는 알 수 없으나 조물주는 잠을 잘 자야만 개운하게 깨어 있을 수 있도록 인간을 설계했습니다.

어떤 영화에는 고문의 한 방법으로 강렬한 빛을 계속 쏘아 잠을 못 자게 만든 후 원하는 자백을 받아내는 장면이 나옵니다. 이것만 봐도 잠을 못 자는 게 얼마나 고통스러운 일인지 잘 알 수 있지요.

짧은 인생을 사는 입장에서 볼 때 자는 시간은 아깝습니다. 하지만 숙면을 취할 수 없다면 그나마 깨어 있는 인생의 유한한 시간마저 잠든 것처럼 멍하게 지나가 버립니다.

미국의 한 통계를 보면 불면증으로 인한 의료비용이 한 해 10조 원이 넘는다니 현대인의 불면증은 개인에게서 삶의 경제적·심리적 효율성을 뺏고 있는 셈입니다.

그러면 잠이 오지 않는 이유는 무엇일까요? '잠을 자면 죽을지도 모른다는 두려움 때문'이라고 한다면 황당한가요? 잠이 오지 않는 것은 뇌가 있는 힘을 다해 깨어 있으려고 하기 때문입니다. 전쟁터에 있는 군인이 생존을 위해, 그러니까 적을 감시하기 위해 며칠 밤을 새우는 것처럼 뇌가 과잉으로 각성한 상태인 겁니다.

원래 우리 뇌는 생존에 필요할 때만 잠을 재우지 않습니다. 그런데 거꾸로 뇌가 불면으로 우리 삶을 위협하는 아이러니, 그게 바로 현대인의 불면증입니다.

다시 말해 불면증은 불안 신호에 대한 반응입니다. 불안은 생존 위협에 대한 알람이고요. 생존에 대한 불안이 느껴지기에 잠이 오지 않는 거죠. 우리 뇌의 감성 시스템이 주변을 평화 상태로 인식하면 뇌는 오프 상태가 되면서 아무리 자지 않으려고 애를 써도 수면이란 휴식에 들어갑니다.

과거보다 크게 늘고 있는 불면의 문제는 결국 우리 사회가 그만큼 불안하다는 이야기입니다. 지금껏 인류가 생존을 위해 그토록 열심히 뛰었건만 불안감은 우리 마음속에서 커져만 가고 있나 봅니다. 이런 불안 사회에서도 잠을 잘 자는 사람은 복 받은 것입니다.

그러나 불면증이 있다고 해서 하자가 있는 것도 아닙니다. 남보다 감성 시스템과 생존 알람이 더 발달해 있다는 뜻이니 어찌 보면 진화한 종(種)이라고 볼 수도 있지요. 요즘 세상에 무딘 것이 결코 경쟁력이나 자랑은 아니지 않습니까. 불면은 섬세함이 진화하면서 생긴 부작용일 뿐입니다.

운동도 하고 커피도 안 마시는데 왜?

잠을 잘 자기 위해서 노력하는데도 효과가 없는 건 왜일까요? 불면이 있으면 오후부터 어떻게 해야 잠이 잘 올까 싶어 이런저런 궁리를 합니다. 의식적으로 커피를 마시지 않기도 하고 운동을 심하게 하기도 합니다. 때로는 몸이 지치도록 운동을 하면 도움이 되기도 할 겁니다. 문제는 항상 그렇지는 않다는 거죠.

몸은 엄청 피곤한데 잠이 오지 않는 경우도 꽤 있습니다. 그게 더 괴롭죠. 밤이 무섭기까지 합니다. 그럴 때 가장 듣기 싫은 소리가 '마음 편히 먹으라'는 겁니다. 이런 이야기를 들으면 마치 내가 마음을 편하게 놔두지 않는 이상한 성격인가 하는 느낌을 받습니다. 내가 정말 그렇게 괴팍한가 싶기도 하고요. 마음을 편히 먹으려고 노력하면 잠은 더 오지 않습니다.

불면증이 어려운 이유가 바로 이것입니다. 세상만사는 열심히 해야 해결되는데 수면 문제는 열심히 노력할수록 뜻대로 안 되거든요.

불면증 치료는 도(道)의 영역입니다. 마음을 다스려야 하기 때문입니다. 이상한 이야기로 들리겠지만 '노력 안 하는 노력'을 해야 합니다. 만성 불면증에서 벗어나기 위한 전략의 핵심은 '오늘 못 자면 어떡하지' 하는 불면에 대한 불안을 줄이는 겁니다. 잠에 대한 염려가 오히려 내 잠을 망치는 황당한 상황이니까요.

불안 반응은 뇌를 각성시킵니다. 생체시계가 밤을 인식하고 잠들려고 해도 잠드는 걸 어렵게 하거나 잠들어도 깊은 잠에 이르지 못하게 하지요. 불안에 의한 뇌의 각성 상태를 바꿔야 개선이 되는데, 이게 쉽지 않습니다. 다시 말하지만 의지를 가지고 열심히 노력할수록 오히려 불안-스트레스 반응이 커진다는 겁니다.

잘 자겠다고 저녁 7시부터 이부자리에 눕는 사람도 있습니다. 눕는다고 잠이 오지는 않죠. 잠자리에서는 그렇게 안 오던 잠이 회의

나 강의 시간에는 쏟아집니다. 자면 안 되는 상황이라 오히려 수면에 대한 불안감이 줄면서 뇌가 이완하기 때문입니다.

'마음 편히 먹어' '걱정할 거 뭐 있어' 같은 이성이 제공하는 상식은 불면을 악화시키기만 합니다. '오늘 난 잠을 자지 않겠어. 나의 소중한 하루를 가치 있게 보낼 거야' 같은 역설적 접근이 오히려 불면 치료에 도움이 될 수도 있지요.

잠이 오지 않는데 20분 이상 잠자리에 누워 있지 마세요. 잠은 평화 상태에서 오는 자연스러운 생리 현상입니다. 잠과 싸우면 안식의 잠자리가 전쟁터로 바뀌게 됩니다. 잠이 오지 않으면 바로 일어나서 책을 보거나 음악을 듣다가, 잠이 오는 것 같으면 그때 잠자리에 드는 게 효과적입니다. 이미 잠자리가 전쟁터가 됐다면 잠자리를 바꾸는 것도 도움이 됩니다.

묻지 마 범죄 생각을 하면
집 밖에 못 나가겠어요

친구와의 수다가 불안을 덜어 줄 거예요.

#불안_공포가_있어_고맙습니다 #보통_우리_생각의_70퍼센트가_부정적
#하지만_걱정만_하다가는_현재가_흘러가_버릴_뿐
#걱정마저_행복한_삶을_살기_위해서라는_것

직장에 다니는 20대 후반 여성입니다. 지난해까지만 해도 해외보다 우리나라의 치안 상태가 좋고 안전하다고 생각했습니다. 그런데 언론을 통해 강남역 사건 등 '묻지 마 범죄'에 대한 소식을 자주 접하면서 낯선 사람이 말만 걸어도 두려움을 느낍니다.

나에게도 그런 묻지 마 범죄가 언제든 일어날 수 있고, 딱히 예방법이 없다는 생각에 대중교통·엘리베이터 등 일상적인 장소에서도 불안해요. 자주 두려움을 느끼고 밖에 나가는 것이 무섭기까지 합니다. 점점 집에만 숨어 있으려는 저, 어떻게 해야 하나요?

불안·공포 같은 부정적인 감정을 느끼는 것은 불편은 하겠지만 병적인 현상은 아닙니다. 생존 측면에서 보면 행복·기쁨 같은 긍정적인 감정 반응보다 더 소중한 녀석들이죠.

우리 뇌 안에는 위기관리를 담당하는 스트레스 공장이 있습니다. 보통은 스트레스를 나쁘게 생각하고, 스트레스 관리라고 하면 스트레스를 줄이거나 없애거나 피해야 한다고 생각하죠. 그러나 이런 식으로 하면 백전백패할 수밖에 없습니다. 왜냐하면 스트레스는 우리가 어디를 가든 쫓아다닐 테니까요.

달리 말하면 스트레스 자체는 우리가 살아 있다는 증거입니다. 외부에서 위협이 왔을 때 나의 생존을 위해 꿈틀거리며 반응하는 것이 이 스트레스 공장이 하는 역할입니다. 외부의 자극에 전혀 반응하지 않은 생물체는 생명이 상실된 것이겠죠.

우리가 어떤 생각과 행동을 하려면 감정 신호가 필요합니다. 바쁜 와중에도 여자친구를 만나기 위해 시간을 내는 것은 사랑이라는 감정 신호가 존재하기 때문입니다. 바빠서 만나지 못한다는 것은 사실 핑계죠. 사랑이란 감정 신호가 식었을 가능성이 큽니다.

생존 위기에 대처하는 생각과 행동을 일으키는 스트레스 공장이 쓰는 감정 신호는 불안입니다. 불안의 대상이 뚜렷하고 큰 두려움으로 다가올 때 공포가 생기지요. 이렇게 불안과 공포란 감정은 생존에 소중한 감정 반응이지만 지나치면 삶을 상당히 불편하게 만듭니다.

집 밖이 무섭다는 이야기에는 충분히 공감이 됩니다. 끔찍한 사건이 많았으니 나에게도 이런 일이 생기지 않을까 하는 두려움이 생기는 것은 매우 정상적인 감정 반응입니다. 두려움이 있어야 위기관리 행동을 강화하고 잘 대처할 수 있습니다.

그러나 지나치게 불안한 마음에 행복이 깃들 수 없겠지요. 업무 능력을 떨어뜨리고 사회적 관계 맺기를 힘들게 할 수도 있습니다. 그러니 내 불안과 공포가 과도하다면 적정 수준으로 맞춰야 하는데, 이것이 생각보다 어렵습니다. 왜냐하면 감정을 담당하는 마음은 한글을 쓰지 않기 때문입니다. 아무리 괜찮다고 말해도 소용없고, 오히려 더 불안해질 수 있습니다.

도망칠수록 불안은 커질 뿐이니

우선 지금 내가 느끼는 불안이 과하기는 하지만 그 자체가 병적인 것은 아니라는 생각을 가지세요. 문제라 여겨 불안을 찍어 누르면 더 커질 뿐입니다. 뉴스를 더 볼 필요는 없겠지만 억지로 보지 않는 것도 일종의 회피입니다. 도망치면 불안이 더 커집니다. 불안하건 말건 내 삶을 그대로 이어 가겠다는 마음을 가져야 합니다. 삶을 정상적으로 운영하면 뇌가 불안할 필요가 없는 상황이라고 인식해 불안 반응을 줄이기 때문입니다.

인생 경험이 쌓일수록 걱정이 늘어나는 경향이 있습니다. 적절한 경험이 삶의 위험을 잘 피해 가는 지혜로 활용되는 것은 분명하지요. 하지만 삶의 위험에 대한 너무 철저한 태도는 불안을 증폭시킵니다.

걱정 때문에 걱정인 분들이 제일 듣기 싫어하는 이야기는 무엇일까요? 바로 "마음 편히 먹어"라는 말입니다. 걱정이 많다고 하면 자기 마음을 다스리는 의지가 약하다고 판단하기 쉬운데 꼭 그렇지는 않습니다. 의지가 강하다 보니 걱정이 늘기도 하거든요. 의지란 내 삶을 원하는 형태로 끌고 가겠다는 것인데, 인생에 워낙 변수가 많다 보니 의지가 강해서 걱정이 늘기도 하는 겁니다.

마음 편히 먹으라는 것은 내 마음에 대한 통제를 풀라는 거지요. 하지만 자기 마음을 강력하게 통제하다 갑자기 푸는 게 어디 쉬운 가요. 그래서 걱정 많은 분에게 마음 편히 먹으라는 이야기는 별로 도움이 되지 않는 조언입니다.

일반적으로 우리가 하는 생각의 70% 정도는 부정적입니다. 다시 말하면 부정적인 생각이 뇌에서 끊임없이 생산되는 것이죠. 문제는 그 부정적인 생각에 빠져들고 집착하는 것입니다.

걱정은 크게 두 가지 내용입니다. 하나는 과거에 대한 후회고, 또 하나는 미래에 대한 염려입니다. 따라서 걱정에 사로잡히면 현재가 없어지는 셈입니다. 실제 행복을 느끼고 가치를 느끼는 것은 현재인 데 현재가 없어지니 삶에 문제가 생기지요. 부정적인 생각 자체는 긍정적인 위험 신호지만 그 생각에 30~50% 이상 빠져 살게 되면 현실을 잃고, 그러면 행복할 수 없는 것입니다.

10분 산책, 10일 여행만큼 마음 충전

불안 신호를 과도하게 뿜어내는 스트레스 공장의 볼륨을 줄이려 면 평화롭다는 신호를 보내야 합니다. 말이 아니라 마음이 느끼도 록 말이죠. 그러자면 평화의 느낌을 주는 행동을 해야 하는데, 대표 적인 것이 사람과의 따뜻한 공감 대화입니다. 전투 상황이라면 친구 와 따뜻한 대화를 나눌 수는 없겠죠? 우리 마음은 따뜻한 공감 대화를 나누면 전쟁이 끝났다고 판단하여 불안 신호를 줄입니다.

내 몸의 움직임을 느끼면서 자연과 호흡하는 것도 불안을 줄이는 데 큰 도움이 됩니다. 점심시간에 10분이라도 짬을 내서 하늘도 올려다보고 주변을 둘러보며 걸어 보세요. 역시 전투 상황에서는 없는 일입니다. 이렇게 여유를 즐기면 마음이 불안 신호를 줄일 겁니다.

이 말은 즉 사람·자연·문화를 즐기는 것이 불안 신호를 줄이는 데 도움이 된다는 뜻인데, 실은 불안을 안고도 우리가 생존하려는 이유가 바로 이런 것들을 즐기기 위해서 아닌가요? 언뜻 쉬워 보이는 이런 즐김이 의외로 어렵습니다. 하지만 일도 할수록 익숙해지죠. 담당하는 뇌의 신경망이 활성화되니까요.

마찬가지로 사람·자연·문화를 즐기는 일도 꾸준히 하면 내 뇌 안의 이완·충전 장치가 점점 잘 작동하게 될 겁니다. 잘 훈련된 사람은 점심시간 10분 산책으로도 제주도 9박 10일 여행을 한 만큼 따뜻한 에너지를 충전할 수 있을 테고요.

인생이 뜻대로만 풀리는 사람은 아무도 없습니다. 인생이 풀리지 않을 때마다 좌절감이 찾아오는 것이 정상이지요. 실패했는데도 좌절감이 느껴지지 않는다면 오히려 그것이 비정상일 겁니다.

좌절감은 낮은 자존감의 신호가 아닙니다. 자존감은 실패 여부와 상관없이 삶의 소중한 모든 내용에 가치를 부여하고 사랑하는 힘입니다. 긍정의 힘이죠. 그런데 자존감이 중요한 이유는 성공 후에 쌓이기보다는 성공에 이르게 하는 힘이기 때문입니다.

성공을 하고 자만하는 사람은 자존감이 높은 사람이 아닙니다. 좌절해도 긍정 에너지를 잃지 않고, 성공경험을 해도 인생의 굴곡을 인정하며 겸손히 주변을 바라보는 것이 바로 튼튼한 자존감입니다.

5장 자존

여리고 약한 나를
사랑하고 싶어요

참기만 하는 건 그만,
당당하게 살고 싶어요

> 모든 사람과 다 잘 지내려고
> 하지 마세요.

#그_사람은_날_싫어할_수_있다 #자존감_키우기 #외부_기준보다는_본질적인_가치
#도달할_수_있는_목표_세우기 #자아효능감

20대 후반 여성으로 대학 졸업 후 회사에 다니고 있습니다. 제 고민은 쪼그라들어 버린 제 자존감입니다. 학교 다닐 땐 성적이 늘 상위권이었고 칭찬도 많이 받았습니다. 하지만 자존감이 낮아서인지 누가 부탁하면 거절을 못하는 편이고 매사에 '그 사람이 날 어떻게 생각할까'를 먼저 생각합니다.

예를 들어 물건이 없어졌다며 누가 "네가 가져 갔어?" 하고 물어보면 대답도 잘 못해요. 그러면서도 '내가 가져간 게 아닌데 그렇게 생각하면 어쩌지?' 걱정만 합니다. 남이 날 흉봐도 말 한마디 못하고 속으로만 끙끙 앓아요. 참는 게 미덕이라지만, 그보다는 자기주장이 확실하고 할 말은 하는 사람들이 부럽습니다.

자존감은 말 그대로 자신을 존중하고 사랑하는 마음입니다. 자신에 대한 믿음인 자기 확신이기도 합니다. 자기 확신은 스스로를 '가치 있다'고 생각하는 인식, 인생에 어려움이 와도 잘 이겨 낼 수 있다고 믿는 자신감을 뜻합니다.

그런데 이 자기 사랑과 자기 확신은 '깡'으로 만드는 게 아닙니다. 앞뒤 없이 '무조건 나를 사랑하고 믿어 주겠어'라는 의지만 있다고 생기는 게 아니라는 거죠.

남에게 싫은 소리를 잘 못하는 마음에는 모든 사람과 좋은 관계를 유지하겠다는 목표가 있을 가능성이 높습니다. 좋은 목표지요. 하지만 이룰 수 없는 목표이기도 합니다. 사랑해서 결혼한 부부도 다시는 안 볼 듯이 싸우는 게 인생사 아닌가요. 그런 마당에 스타일이 다른 모든 사람들과 잘 지낸다는 건 불가능하지요. 이룰 수 없는 목표가 뇌에 입력되면 자존감이라는 주관적인 자기 사랑과 자기 확신이 흔들립니다.

건강한 자존감을 갖고 싶으신가요? 그러면 내 마음에 대한 이해가 우선입니다. 여기서 중요한 건 내 마음의 가치체계, 즉 내가 어떤 상황에서 내 행동을 근사하게 여기냐는 것인데요. 예를 들어 '나는 대가 없이 사람들에게 사랑과 우정을 베풀 거야'라고 삶의 목표를 정하면 자존감은 계속 떨어질 수밖에 없습니다. 가치 있는 희생이라고 해도 상대방의 감성적 보상을 요구하는 게 본능이니까요. 희생적인 사랑을 하는 부모조차도 자녀가 나중에 나 몰라라 하면 섭섭한 게 인지상정이죠.

내 마음이 다다를 수 없는 너무 이상적인 목표를 설정하면, 그 목표에 맞출 수 없기에 계속 자존감이 떨어집니다. 자존감을 키우기 위해서는 내 마음의 목표를 재점검할 필요가 있습니다. 학생 때 성적도 상위권이었고 칭찬도 많이 받은 편이었는데 현재는 남에게 거절은커녕 꼭 해야 하는 말도 잘 못한다고 하셨죠. 학교 성적을 언급하신 것은 마음의 목표가 외부 기준을 따르고 있다는 분명한 예입니다.

이렇게 외부 기준으로만 자신의 가치를 평가하면 자존감이 떨어지기 쉽습니다. 학교 성적이나 승진 같은 사회적 성취는 내가 열심히 한다고 해서 항상 결과가 좋을 수만은 없거든요. 인생사엔 굴곡이 있는 법이고 지금 당장은 아니어도 언젠가는 하강곡선을 그릴 수밖에 없습니다.

칭찬도 마찬가지입니다. 칭찬은 남의 평가죠. 내가 아무리 모든 사람에게 열심히 잘한다고 해도 그들이 전부 나를 사랑할 수는 없습니다. 나한테 잘해 주는 사람이라 해도 내가 싫어할 수 있듯이, 나를 별이유도 없이 싫어하는 사람이 존재할 수 있어요. 그게 인생입니다. 그런데 거절을 못하고 꼭 할 말도 못하는 행동의 이면에는 모든 사람과 좋은 관계를 맺고자 하는 마음의 목표가 있을 가능성이 있습니다.

이룰 수 있는 목표를 세워 자아효능감 키우기

외부 평가에 너무 의지하면 자기 확신이 떨어집니다. 아무리 열심히 해도 모든 사람을 만족시키기 어렵기 때문이죠. 알아주든 말든 나만의 소중한 목표를 세우고 나아가겠다는 배짱이 필요합니다.

자존감을 키우기 위해선 비교에 의한 외부 기준보단 본질적인 가치에 마음의 목표를 두는 것이 좋습니다. 그리고 너무 이상적인 것보다는 소박한 형용사와 동사로 표현할 수 있는 목표가 좋고요.

예를 들어 내가 개그맨이라면 '고정 방송을 몇 개 확보하겠다' 혹은 '언제든 사람을 웃길 수 있는 최고의 개그맨이 되겠다'라는 목표보다 '단 한 명의 관객이 있어도 그의 마음을 유머로 위로할 수 있는 개그맨이 되겠다'는 목표가 자존감 강화에 좋은 목표지요.

목표가 너무 작지 않냐고요? 목표가 주관적인 가치에 충실할 때 자존감도 올라가고 실행 능력도 좋아진답니다. 그러니 저런 소박한 목표를 가진 사람이 오히려 인기 개그맨으로 롱런할 가능성이 높지요.

다시 말해서 무리한 목표보다 작아 보여도 가치 있고 이룰 수 있는 목표를 세워 성공경험을 반복해서 느낌으로써 자아효능감을 키우는 것이 중요합니다.

그렇다면 안 좋은 마음의 목표는 무엇일까요? 그건 목표가 아예 없는 겁니다. 목표가 없으니 자존감을 올릴 성공경험도 할 수 없죠. 삶의 목표가 '열심히 살자'인 분도 있습니다. 이 역시 목표가 없는 거나 마찬가지입니다. '열심히'라는 건 삶의 태도이지 목적이 아니거든요. 그래서 '열심히 살자'란 목표를 가진 어르신들이 불안장애로 찾아오는 경우도 적지 않습니다. 아무리 노력해도 목표에 다다를 수 없고 나이는 들어가니 초조하고 불안해지니까요.

'모든 사람에게 사랑받자'라는 목표가 있다고요? '나를 솔직히 표현해도 통하는, 나와 케미가 맞는 사람들과 잘 지내자'로 목표를 바꾸면 어떻습니까? 그러면 상대방에게 자연스럽게 내가 하고 싶은 말을 할 수 있습니다. 그런데 표현을 잘하려면 나에 대해 관심을 갖는 것이 중요합니다. 표현을 잘 못한다는 것은 관심이 너무 상대방에 쏠려 있다 보니 막상 내가 무엇을 좋아하는지 모른다는 뜻일 수도 있거든요.

자신이 무엇을 좋아하는지 아는 사람은 자기주장도 잘 할 수 있고 필요에 따라 거절 의사도 표현할 수 있습니다. 그러나 내가 뭘 좋아하는지 정확히 모르는 채 타인에게 좋은 느낌을 주겠다는 목표만 갖고 있으면 타인에게만 나를 끼워 맞추게 되죠. 주변에 사람이 많아도 진정한 친구는 한 명도 없다는 공허를 느끼기 쉽습니다.

시작은 어려울 겁니다. 그래도 자기 마음을 주장해 보세요. 의외로 내 마음에 공감해 주는 사람이 많다는 걸 느끼게 될 겁니다. 공감해 준 사람에겐 더 신뢰가 생기고 관계가 깊어지겠지요.

명심하세요. 나를 보여주지 않으면 타인과 깊게 친해질 수 없습니다.

과거 트라우마에 아직도
매일 시달립니다

못난 나, 멍청한 나라는 부정적 기억을 끊어 버리세요.

#생각_억누르기는_답이_아니다 #긍정적으로_시간조망하기
#실패가_없어야_행복한_건_아니다 #마음_수용

해외에서 박사를 마치고 온 30대 남성입니다. 지도교수와 관계가 안 좋아 남들보다 박사과정을 오래 했습니다. 간신히 학위를 받고는 힘들었던 박사과정에서 벗어났다는 해방감에 좋았습니다.

그런데 그것도 잠시, 트라우마가 계속 절 괴롭힙니다. 나는 멍청해서 뭘 해도 잘 안 될 거라는, 스스로에 대한 불신과 불행한 일이 닥칠 것 같은 불안 때문에 일에 집중할 수가 없습니다. 이런 부정적 감정 탓에 자존감은 바닥입니다. 자존감을 회복하고 싶은데 뿌리 깊게 박힌 공포와 불안이 저를 옭아맵니다. 어떻게 마음을 다스릴 수 있을까요?

한 60대 후반 여성이 남편, 딸과 함께 병원에 왔습니다. 앉자마자 쉴 새 없이 30분 동안 속상한 일을 털어놓았습니다. 가족들이 "이제 그만 하자"라고 하는데도 이미 한 이야기를 하고 또 합니다. 그 일이 언제 일어난 이야기냐고 물으니 40년도 더 됐답니다.

과거의 상처, 즉 트라우마에 갇히면 몸은 현재에 있어도 마음은 과거의 괴로운 기억에서 빠져나오지 못합니다. 추억을 먹고 사는 게 아니라 과거가 내 현재를 먹어치워 버리는 겁니다. 이런 사람들은 타임머신이 고장 나 과거로 가 버린 후 현재로 돌아오지 못하고 있는 것이나 마찬가지입니다. 시간이 지나면서 자연스럽게 현재로 돌아오는 사람도 있지만 과거에 그대로 묶여 있는 경우도 적지 않지요.

나이가 들수록 이런 경향이 심해져 쉽게 헤어 나오지 못합니다. 갈수록 살아갈 시간이 줄다 보니 내 삶이 더 소중하게 여겨지고, 그러다 소중한 인생을 망친 과거에 빠져 버리는 거죠. 과거에 대한 후회로 말년을 보내는 사람을 보면 안타까운 동시에 서글픕니다. 즐기기에도 아까운 일분일초를 통증만 느끼며 내버리고 있는 셈이니까요.

신체적 외상보다 더 무서운 심리적 외상

사연으로 돌아가죠. 트라우마란 단어를 직접 썼네요. 그만큼 과거 경험이 고통스러웠다는 뜻일 겁니다. 트라우마는 신체적 외상을 일컫는 말인 동시에 정신적 외상, 또는 충격적 경험을 뜻하기도 합니다. 신체적 외상은 외부 충격과 손상 정도가 대체로 비례합니다. 충격이 클수록 신체 손상도 많이 일어난다는 얘기죠.

반면 정신적 외상은 심리적 충격 정도와 어느 정도의 연관은 있지만 꼭 비례하지는 않습니다. 그래서 남 보기에 대수롭지 않은 사건도 본인에게는 큰 트라우마가 될 수 있는 겁니다.

사연 속 트라우마는 과거 박사학위를 딸 때의 부정적 경험입니다. 그게 현재까지 영향을 끼쳐 스스로를 멍청하다고 여기며 공포와 불안 속에 갇혔다 했지요. 객관적으로만 보면 별로 공감이 안 될 수 있습니다. 해외 박사학위까지 받은 사람이 자신을 멍청하다고 하는 것도 설득력이 없고, 트라우마라고 한 교수와의 갈등도 일상적인 내용 같아 보이니까요. 지도교수 사랑을 듬뿍 받으며 학위를 따는 사람이 과연 몇이나 있을까요.

그러나 이 사람에게는 그 경험이 현재를 망치는 트라우마입니다. 바로 이런 점 때문에 신체적 외상보다 심리적 외상이 더 무서운 건지도 모르겠습니다.

두개골 골절로 피가 흐르는 외상만이 아니라 심리적 외상도 실제로 뇌에 기능적 상처를 입힌다는 연구 결과도 있습니다. 심리적 외상은 뇌의 사고체계를 망가뜨리기 때문입니다. 자신에 대한 부정적 사고를 만들고 현실 적응 능력을 떨어뜨려 어디론가 도망가려는 회피 반응을 일으킵니다.

그렇게 도망이라도 가서 뇌가 고통스런 기억에서 벗어나 안식을 얻고 다시 에너지를 보충하면 좋으련만, 그것도 쉽지 않습니다. 과거의 충격적 사건이 현재의 일처럼 느껴지기에 도망을 가도 뇌의 생존 시스템이 꺼지지 않고 계속 작동하기 때문이죠.

스위치가 고장 난 상태나 마찬가지입니다. 뇌 에너지가 다 타 버리고, 이렇게 소진된 뇌는 삶을 더 부정적으로 보게 해서 도망가고픈 마음만 강해집니다.

트라우마에 갇힌 사람에게 기억이란 과거의 것이 아닙니다. 바로 지금처럼 생생하죠. 그런 불편한 기억이 반복 재생되면서 트라우마는 뇌의 전 영역으로 퍼집니다. 반복되는 부정적인 과거 기억은 문신처럼 뇌 기억 시스템에 새겨집니다. 결국 과거 전체가 부정적으로 보이게 되죠.

나쁜 과거 기억은 부정적인 과거 시간조망(time perspective)을 갖게 하고, 현재에 회피와 두려움을 일으킵니다. 그리고 이런 부정적 감정이 다시 미래에 대한 부정적 관점을 만들어 현재를 비관적으로 보게 하지요. 그렇게 트라우마가 현재까지 망치는 것입니다.

어떤가요? 이런 기제가 사연과 정확하게 일치하지 않나요? 유학 시절 겪은 부정적 사건이 과거 전체를 부정적으로 보게 만들었고 그게 현재에 작용해 자존감을 떨어뜨리고 공포와 불안을 만들어 현재에 몰입하는 것을 방해하고 있습니다. 또 밝은 미래가 없는 부정적 운명을 타고난 사람처럼 오늘을 체념하게 만들어 버립니다. 과거의 트라우마가 뇌에 작용해, 태어날 때부터 이미 실패할 운명이었다는 듯이 왜곡해서 인식하게 하는 겁니다.

과거의 부정적 기억을 끊기

과거 트라우마에서 어떻게 벗어날 수 있을까요? 아마 사연 주신 분도 떨어진 자존감을 올리고 불안과 공포를 없애기 위해 많은 노력을 했을 겁니다. 그러나 이런 건 부수적일 뿐입니다. 첫 고리를 끊어야 합니다. 부정적 기억이 내 과거 전체를 부정적으로 만드는 과정을 끊는 겁니다.

자, 이렇게 설명하죠. 사연 속 주인공에 대한 객관적 평가는 '어려운 여건 속에서도 훌륭하게 박사학위를 취득했다'는 것입니다. '힘든 기억은 있지만 공부를 잘 마무리했다'가 유학 생활에 대한 평가여야 합니다. 과거를 이렇게 긍정적 시간조망으로 바꾸면 자동으로 긍정적 미래상을 갖게 하고 결국 삶을 충분히 누리고 현재에 몰입할 수 있게 도와줍니다.

과거의 트라우마가 떠오르면 '그러지 말자'라는 식으로 생각을 억누르려 하는 게 일반적인데, 이보다는 상징적 내용으로 시각화하는 게 더 효과적입니다.

예컨대 먼저 한 발은 부정적 과거라는 모래에 빠져 있고 다른 한 발은 체념해 버린 현재라는 늪에 빠져 있다고 상상합니다. 그리고 모래에 빠진 과거의 발을 단단한 미래의 땅에 올려놓습니다. 늪에 빠진 발은 단단한 현재의 기쁨이라는 땅에 올려놓습니다. 그러고는 두 발로 조금씩 걸어가는 상상을 하는 겁니다. 감성은 논리적 언어보다 상징이 담긴 이미지에 더 쉽게 반응합니다.

다른 방법도 있습니다. 위축된 사회적 관계를 회복시키는 것입니다. 회피 반응은 사람을 혼자 있게 만드는데, 결과적으로 부정적 생각에 더 깊이 빠져들게 됩니다. 사람을 만나기 싫어도 좋은 추억이 있는 친구를 만나다 보면 긍정적 기억이 되살아나면서 현재 내 삶 또한 긍정적이라는 걸 깨달을 수 있습니다.

부정적인 기억이 없어야만 자존감 높은 삶을 살 수 있는 건 아닙니다. 그런 것이 전혀 없는 인생이란 게 있을 수도 없고요.

실패나 좌절, 속상한 과거의 기억까지도 삶의 과정 속에서 느낀 소중한 내용으로 받아들이는 마음의 수용성이 자존감을 튼튼히 지켜 주는 핵심 요소입니다. 목표를 향해 나를 다그치며 일단 열심히 뜁시다. 그리고 결과가 나오면 수고했다고 내 마음을 따뜻하게 안아 주는 수용의 여유가 중요합니다.

나는 나를
바꾸고 싶어요

그냥 생긴 대로
잘 살아 봅시다.

#안_바뀌는_게_사람이라지만   #그래도_바뀌려면_우선_나를_쓰담쓰담
#강점_중심_접근   #꼭_바꾸어야만_괜찮은_사람일까

직장생활 1년차 20대 후반 여성입니다. 제 고민은 성격을 바꾸고 싶은데 잘 되지 않는다는 것입니다. 사람을 만날 때는 물론이고 심지어 혼자 있을 때조차 제가 매력적이라고 생각하는 사람의 행동을 떠올리고 따라 해 보려고 애를 쓰지만 잘 되지 않습니다. 그러면서 저 자신을 더욱 강박적으로 다그치게 됩니다. '너는 인간적이어야 해' '착해야 해' '웃어야 해' '행동이 마음에서 우러나와야 해' 이런 식으로요. 당당히 살고 싶고 저만의 매력 있는 분위기를 만들고 싶은데 항상 부족하다는 생각만 들어요. 그래서 사람 만나기가 두렵기도 합니다.

이런 저, 어떻게 해야 할까요?

254

억지 연기로 성격을 바꾸기는 어려워요. 물론 매력적인 사람의 성격을 닮으려는 것은 나쁜 게 아니죠. 긍정적인 모델링이라 할 수 있습니다. 그러나 그것이 강박처럼 된다면 마음이 지치고, 마음이 지치면 변화하고자 하는 의지도 약해집니다. 모델링을 통한 긍정적인 변화도 필요하지만 있는 그대로의 내 모습을 예뻐해주는 여유로운 마음을 갖는 것도 중요합니다.

너는 인간적이야 해, 착해야 해, 웃어야 해, 마음에서 우러나와야 해, 이런 식으로 스스로에게 너무 강박적으로 변화를 요구하면 자연히 자존감이 떨어지고 사람 만나기가 두려워지지요.

강박은 불안과 완벽주의의 합작품입니다. 단점이 없는 완벽한 성격에 이르지 못하면 불안해지고, 그 불안이 나를 더 다그치게 됩니다. 마음먹은 대로 변화가 일어나지 않으면 자신에게 실망하고, 대인관계를 피하게 되는 문제도 나타나고요.

그렇다면 성격이 잘 바뀌지 않는 건 내 의지가 약하기 때문일까요?

먼저 성격에 대해 알아보겠습니다. 성격은 나에게 주어지는 여러 자극에 일정하게 반응하는 패턴을 뜻합니다. 여기서 자극이란 다른 사람이 나에게 주는 자극일 수도 있고 내 마음 안에서 흘러나오는 자극일 수도 있습니다. 언어적 자극일 수도 있고 시각적 자극일 수도 있지요. 이런 자극에 반응해서 내 감정·생각·행동을 표현하는데 사람마다 고유의 표현 패턴을 갖고 있습니다.

이것을 성격이라고 합니다. 그리고 일시적이지 않고 일정하게 지속하는 반응을 성격적 특징이라고 하고요.

달리 말하면 성격은 잘 바뀌지 않는다는 이야기입니다. 내성적인 성향이 불편하다고 억지로 외향적인 성격으로 바꾸려고 노력해도 쉽게 바뀌지 않죠. 나서기 좋아하고 말 많은 사람이 과묵한 사람이 되기로 마음먹어 봤자 성향 자체가 바뀌기는 어렵습니다.

그런데도 성격을 바꾸기 위해 지나치게 인위적인 노력을 하다 보면 마음도 지치고 자기 성격의 긍정적인 면마저 가리게 됩니다. 그러다 보면 앞서 이야기한 것처럼 자존감이 더 떨어질 수도 있고요. 실패경험을 하기가 쉽기 때문입니다.

나를 바꾸고 싶다면 비판보다는 칭찬을

좋은 성격을 갖기 위한 전략을 세운다면 크게 두 가지 방법이 있습니다. 하나는 마음에 들지 않는 부분을 바꾸는 전략입니다. 문제를 파악하고 해결하는 거죠. 다른 하나는 긍정적인 면을 더 강화하는 전략입니다. 문제점보다 장점을 파악하고 장점을 극대화하여 단점을 약화하는 방법입니다. 전자를 결함 중심 접근, 후자를 강점 중심 접근 전략이라 할 수 있겠습니다.

이쯤에서 자신이 어떤 방법을 삶에서 주로 활용하고 있는지 한번 살펴볼 필요가 있습니다. 대부분 우리는 결함 중심 접근에 익숙합니다. 문제 해결 위주로 교육받은 것이 그 원인이라고 할 수 있습니다. 두 방법 모두 장단점이 있지만 성격에 긍정적인 변화를 주려면

결함을 해결하는 것보다 강점을 강화하는 것이 효율적입니다.

조직에서도 문제를 해결할 때 주로 결함 중심 접근 전략을 씁니다. 원인이 무엇인지 분석해서 찾아내고 그것을 교정하는 것입니다. 그런데 너무 문제를 중심으로 접근하다 보면 뇌가 잘 작동하지 않습니다. 예를 들어보지요.

한 병원에서 간호사 이직률이 높아 대책위원회를 구성했습니다. 항상 그랬듯이 문제점을 파악하고 개선하고자 노력했습니다. 그러나 이직률이 떨어지지 않았습니다. 그래서 새로운 접근을 해보았습니다. 우리 조직의 강점을 찾아보기로 한 것입니다. 퇴직 이유를 찾기보다 만족스럽게 직장생활을 하는 직원들로부터 강점을 탐구한 것이죠. 그리고 그 강점을 더 강화했습니다. 그랬더니 의외로 이직률이 떨어졌습니다. 이것이 강점 중심 접근이라 할 수 있습니다.

내가 하는 말, 행동, 모두 내가 결정한다고 생각하시나요? 의외로 부지불식간에 입력된 언어화된 프레임이 나도 모르는 사이에 나를 조정하는 경우가 많습니다. 내 마음 안에 깊이 들어와 있는 프레임에 대해선 거부 반응이 잘 일어나지 않다 보니 옳고 그름을 판단하지 않는 경우가 많죠.

그런데 프레임이 지나치게 경직되어 있으면 자신과 타인을 부정적으로 보는 선입견이나 편견을 만들 수 있습니다. 그러므로 자신을 판단하기 전에 우선 내 프레임이 너무 경직되어 있지는 않은지 살펴보는 것이 필요합니다. 이 프레임이 경직되어 있으면 결함 중심 접근을 하기가 쉽습니다.

사실은 나도 괜찮은 사람

부족한 부분에 다그치듯 변화를 강요하면 오히려 저항만 일으킬 뿐입니다. 당당히 나의 삶을 살고, 나만의 매력을 갖고 싶다면 내 성격에 대해 파악하는 것이 우선입니다. 특히 긍정적인 면을 말이죠.

나에겐 긍정적인 면이 없다고요? 그럴 리가 없습니다. 어디 가서 말 한마디 못 붙일 것 같은 내성적인 사람이 사업에서 크게 성공한 경우가 있습니다. 성공하려면 대인관계를 잘 맺는 활달한 성격이 유리하다는 상식과는 잘 안 맞지요? 그런데 말수가 적고 수줍음을 타는 내성적인 모습이 오히려 신뢰를 얻어 사업적으로 성공할 수 있었던 거죠.

다른 예도 있습니다. 성격은 까칠한데 의외로 가까운 친구가 많은 사람이 있죠. 남의 비위를 맞추기보다는 자기 의견을 솔직하게 말하다 보니 애매한 친구는 금세 떨어져 나가는 겁니다. 남은 친구가 몇 안 될지 몰라도, 마음이 통하는 친구는 보통 사람들보다 더 많을 수도 있습니다.

반대로 남에게 잘 맞추는 성격을 가진 사람 중에는 "진짜 친구가 없는 것 같다"라며 외로움을 호소하는 경우도 있고요.

이렇게 내 성격의 특징을 이해한 후, 억지로 단점부터 고치려 하는 대신에 장점을 강화하다 보면 이차적으로 단점마저 좋아질 수 있습니다. 만일 내성적인 사람이 억지로 활달한 태도를 연기하면 쉽게 지칠 테고, 혹 그런 모습을 누가 좋아해 준다 해도 그게 진짜 자기 모습이 아니니 마음이 공허해지죠.

그러나 용기를 내어 내 모습 그대로를 보여 주었는데 상대방이 긍정적인 반응을 보인다면 대인관계에 자신감이 붙으면서 조금씩 사교적인 태도를 가질 수 있게 됩니다.

우리 이렇게 생긴 대로 잘 살아 봅시다.

마지막으로 제가 팁을 하나 드릴까요? 나에 대한 긍정 노트를 하나 만들어 보세요. 일주일에 하루, 10분 정도만 시간을 내서 일주일 동안 내가 꽤 괜찮아 보였던 일을 한두 가지 적는 겁니다. 단순하고 소박해도 좋습니다. '파란 하늘이 내 눈에 들어와 상쾌함을 주었어. 나는 자연을 즐길 수 있는 마음을 가지고 있어' 같은 것이어도 좋아요.

시시해 보일지 모르지만 이를 꾸준히 하면 내 강점을 이해할 수 있고, 더 나아가 내 자존감의 든든한 데이터베이스가 됩니다. 자신의 부정적인 면만 주로 바라보는 분들께 꼭 권해 드립니다.

나를 무시하는 사람들을
무시할 수가 없어요

부끄러워 말고 당신의
진짜 모습을 보여주세요.

#욕망은_우월감을_원한다 #뒷담화_심리 #나는_내가_부끄러워
#모두가_날_사랑하지_않아도_좋아 #부끄러움에서_벗어나려면_비교_경쟁_금지

40대 초반 남자 회사원입니다. 학생 때 영어 공부를 소홀히 한 것이
후회되어 주말마다 도서관에 가서 한두 시간이라도 공부를 하고 있습니다. 처음
시작하는 마음으로 어린이용 동화나 읽기 쉬운 영어책부터 봤지요. 좀 유치하
다 싶을 때도 있지만, 그래도 공부하는 재미가 나름 쏠쏠했습니다.

그런데 하루는 대학생으로 보이는 여자 셋이 작지만 제게 들릴 정도의 목소
리로 "저거 유치원생이 읽는 거 아니야? 맞네!" 하면서 킥킥거리며 지나가더군
요. 한순간이었지만 너무 부끄러웠고 화가 났습니다. 이 일이 있은 후부터 저는
도서관에서 책을 읽어도 남을 의식하게 되었고, 무시당할 것 같은 책은 열람실

에서 읽지 못하고 대출해서 읽고 있습니다.

정말 사소한 일인데 그 일이 왜 이렇게 내 마음에 영향을 주는지, 그리고 사람들은 왜 남을 무시하는 행동을 하는지 궁금합니다.

의미 없는 행동이란 없습니다. 뒷담화가 나쁜 것은 다 알지만, 뒷담화한 적이 없는 사람이 없다는 것도 사실이죠. 이렇게 나쁜 일을 다들 한다는 건, 뒷담화를 하고 싶게 만드는 마음의 욕구가 존재한다는 뜻일 겁니다. 그렇다면 뒷담화를 하는 심리는 무엇일까요?

누군가를 비교하는 것은 피곤한 일인 데다 썩 좋은 행동도 아니죠. 하지만 우리는 끊임없이 나와 다른 사람을 비교하며 살고 있습니다. 의식하지 못하는 순간에도 그렇습니다. 비교는 생존본능과 연결되어 있거든요. 한 살 아이도 부모의 사랑을 더 받기 위해 경쟁하느라 형과 자신을 비교한다니 말 다했죠.

비교는 경쟁심에서 시작됩니다. 비교하며 남을 무시하면 그만큼 내가 우월하다는 느낌을 갖게 되죠. 경쟁우위에 선 느낌인 겁니다. 뒷담화는 이런 남과의 비교 심리, 우월 심리와 연관되어 있습니다. 특히 여러 명이 한 사람을 두고 험담하면, 험담하는 사람들끼리 동질감을 느끼고 그만큼 자신들의 힘이 더 커졌다고 느낍니다. 무리 지어 험담하는 순간 '우리는 강해'라고 느끼는 겁니다.

모임에 나갔는데 불참한 사람의 뒷담화가 자연스럽게 나오는 모습을 본 적이 있지 않으세요? SNS에서도 순식간에 악플이 수없이 달려서 마음에 상처를 받는 분들이 적지 않습니다. 건전한 비판도 있겠지만 남을 무시함으로써 힘과 우월감을 느끼고자 악플을 다는 경우도 많지요. 나의 정체성이 드러나지 않으니 심리적 부담이 없는 데다가 여러 사람과 힘을 합쳐 공격하니 내가 강해진 것 같고 죄책감도 덜합니다.

이런 행동이 나쁘다는 건 알죠. 하지만 우리의 욕망은 우월감을 원합니다. 그래서 타인과 대화를 하면서 험담을 한마디도 안 하고 사는 건 쉽지 않은 일입니다. 그런데 남의 험담이 지나치면 얘기가 다르죠. 그건 자존감이 떨어져 있다는 증거이기도 합니다. 험담을 많이 하는 사람은 깊은 행복감에 도달하기가 어렵습니다.

이렇듯 험담이 심한 것도 문제지만, 이 사연처럼 남의 험담에 너무 민감하게 반응하고 부끄러움을 느끼는 것도 나를 피곤하게 합니다.

부끄러움이란 대체 뭘까요?

부끄러움을 부끄러워하지 마세요

부끄러움이란 감정은 누군가를 의식해서 생기는 반응입니다. 타인이 내 말이나 행동에 대해 부정적인 평가를 하지 않을까 하는 불안과 두려움에서 발생하는 감정이지요. 정도의 차이는 있겠지만, 사람에게는 모두 부끄러움이라는 감정이 내재되어 있습니다. 부끄러움은 정상이라는 거죠.

하지만 이 역시 지나치면 불편합니다. 부끄러움이란 감정이 심할 때 찾아오는 것이 사회공포증이거든요. 타인의 평가를 너무 의식한 나머지 사람들, 특히 모르는 사람과 있으면 심하게 부끄러움을 느낍니다. 과도한 부끄러움 반응은 큰 불편을 주기 때문에 자연히 점점 사람과의 만남을 회피하게 됩니다.

과도한 부끄러움 반응은 낮은 자존감과 관련 있는 경우가 많습니다. 자존감은 타인과 긍정적인 관계를 맺어야 올라갈 수 있는데 과도한 부끄러움이 사람을 멀리하게 하니 자존감이 갈수록 떨어지고 부끄러움도 커지는 악순환이 되죠.

그러나 앞서도 말했듯이 과도했을 때가 문제인 것이지 부끄러움은 자연스러운 현상입니다. 더 나아가 부끄러움이 사회에 유익하다는 주장도 있네요. 부끄러움은 타인에 대한 관심이자 자아성찰 능력에서 비롯되기에 부끄러움을 잘 느끼는 사람들이 이타적으로 행동하고 사회에 유익한 행동을 많이 한다고 합니다. 그러니 내 부끄러움을 너무 부끄러워할 필요는 없는 것입니다.

자, 그럼 남은 숙제는 과도한 부끄러움에 어떻게 대처하느냐겠지요?

모든 사람이 날 사랑하지 않아도 좋아

과도한 부끄러움에서 벗어나려면 타인의 시선에서 자유로워져야 합니다. 당연히 쉽지 않은 일이죠. 타인의 시선에서 자유로워진다는 것은 비교나 경쟁을 하지 말아야 한다는 뜻이잖아요. 하지만 비교나 경쟁은 생존을 위한 본능이거든요. 뿌리 깊은 본능인 경쟁은 생존에 꼭 필요한 욕구지만 너무 자유롭게 풀어놓으면 오히려 내 삶을 위축시켜 버립니다.

『미움받을 용기』(2014)라는 책이 많이 읽혔지요? 열등감 심리를 중요시한 정신분석가 아들러의 사상을 저자들이 나름대로 해석한 책입니다. 이 책에 이런 내용이 있습니다.

"경쟁이나 승패를 의식하면 필연적으로 생기는 것이 열등감이다. 늘 자신과 타인을 비교하고 '이 사람에게는 이겼어, 저 사람에게는 졌어'라는 생각을 하기 때문이다. 하지만 일단 경쟁에서 해방되면 질지도 모른다는 공포에서 해방되고 다른 사람의 행복을 진심으로 축복할 수 있게 된다."

비교를 많이 하다 보면 남을 쉽게 무시할 뿐더러 나 자신의 자존감도 떨어뜨리기 쉽습니다. 그러므로 과도한 경쟁에서 한발 물러서는 여유가 필요합니다. 그런데 단지 머리로 '경쟁하지 말아야지' 하고 생각한다고 해서 이 여유가 찾아올 리 없지요.

'미움받을 용기'를 다르게 표현하면 모든 사람에게 다 사랑받지 않아도 된다고 받아들이는 용기입니다. '다른 사람이 나에게 긍정적으로 반응하지 않으면 어떡하지' 하며 미리 걱정하고 부끄러워하지 말고 용기를 내서 과감히 내 진짜 모습을 보여주자는 겁니다. 약점도, 콤플렉스까지도요. 거기에 공감하고 따뜻하게 반응해 주는 사람과는 잘 지낼 수 있겠죠. 다만 '싫다'는 사람과 가까워지려고 너무 고생하지 말자는 거예요.

정서적 관계는 양보다 질이 중요합니다. 그럴듯하게 만든 내 모습에 호감을 갖는 100명보다 용기 있게 내보인 내 진짜 모습에 따뜻하게 반응해 주는 한 사람이 내 자존감을 더 튼튼하게 다져 줄 겁니다. 자존감이 올라가면 지나친 부끄러움도 조금씩 줄어들 거예요.

연애를 해도 외로운 건,
잘못된 만남이라서?

> 외로움 덕분에
> 잘 살아갈 수 있는 거랍니다.

#외로움은_사랑의_동반자 #유전자에_코딩된_외로움
#그래도_외로움_덕분에_관계의_소중함을_안다
#사랑은_원래_힘들다 #공통된_인간성

대학 졸업반 여대생입니다. 6개월 정도 만난 남자친구가 있습니다. 저는 만나는 시간이 길어지고 그 사람을 많이 알아갈수록 사랑이 더욱 깊어지는 타입입니다. 그래서 더 많이 표현하고 교감을 많이 나눴으면 해요.

그런데 남자친구는 여전히 절 많이 챙겨 주고 도와주긴 하지만 어쩐지 연애 초기보다는 따뜻한 눈빛이나 설렘이 덜해진 것 같아요. 물론 남자친구 생활이 바쁘다는 건 이해합니다. 사랑의 형태가 시간이 지날수록 변해 간다는 것도 알고요. 하지만 연애를 하면서 느껴지는 외로움과 서운함을 어떻게 해결해야 할지 모르겠어요.

이전 3년간 만난 남자친구와 갈등을 빚다가 결국 헤어진 것도 저의 외로움이 큰 요인이었습니다. 그래서 걱정입니다. 오르락내리락하는 이런 감정을 덤덤하게 받아들이는 방법이 없을까요?

사랑에 대한 이야기인 듯하지만 실은 외로움에 대한 이야기네요. 외로움은 사랑을 하게 만드는 동기 에너지를 제공하죠. 사랑하면 이 외로움을 채울 수 있을 거라고 기대하게 됩니다. 그런데 사랑을 해도 외로우니 당황스럽고 마음이 답답할 수밖에요.

사실 사랑의 반대말은 외로움이 아닙니다. 이 둘은 친구처럼 함께 인생을 걸어가는 동반자 관계죠. 사랑의 결핍 때문에 외로움이 생기는 것도 아닙니다. 만약 그렇다면 남자친구를 바꿔야겠죠. 그 사람은 나랑 잘 안 맞든지 아니면 나를 충분히 사랑하지 않기 때문에 내가 외로움을 느끼는 것일 테니까요.

정도의 차이일 뿐, 남자친구를 바꿔도 외로움은 계속 찾아올 겁니다. 외로움은 단순한 결핍의 감정이 아닌 태어날 때부터 갖고 있는 기본적인 감정이기 때문입니다.

우리는 누구나 외로움을 가지고 태어납니다. 물론 그중에는 유전적으로 더 많이 갖고 태어나는 사람이 있다고 합니다. 외로움에 대한 쌍생아 연구를 보면 일란성 쌍생아는 형이 외로움을 잘 타면 동생도 외로움을 잘 타는 경우가 많았습니다.

외로움은 단순한 결핍 감정이 아닌 태어날 때부터 유전자에 코딩

되어 있는 감정인 것이죠. 외로움 유전자를 더 깊이 가진 사람은 연애를 해도 외로움이 항상 곁에 머물 겁니다.

외로움을 없애기 위해서 연애를 한다? 이건 기본 설정이 잘못된 겁니다. 연애를 안 해서 외로운 것이 아니라 외롭기 때문에 연애를 합니다. 그런데 연애를 해도 외로움은 사라지지 않습니다. 앞서 이야기한 것처럼 외로움은 결핍의 감정이 아닌 기본적인 감정이기 때문입니다. '연애를 하는데 왜 외롭지?' 하고 놀랄 필요가 없는 것입니다.

연애는 외로움을 없애기보다 오히려 진짜 짠한 인생의 외로움을 느끼게 해주기에 가치가 있지 않나 하는 생각마저 드네요.

외로움 때문에? 외로움 덕분에!

연애를 해도 찾아오는 외로움, 이 녀석을 어떻게 하면 좋을까요. 일단 외로움은 부정적인 감정이 아니라는 걸 인식하고 너그럽게 받아들이는 태도가 중요합니다. 외로움은 사실 꼭 필요한 감정입니다. 외롭기 때문에 누군가와 관계를 맺고자 하는 동기가 생기니까요. 혼자는 약합니다. 뭉쳐야 큰일을 할 수 있잖아요. 예를 들어 인간이 가족을 만들지 않았다면 생존력이 크게 떨어지고 2세를 만들기도 어려웠을 겁니다. 외로움 덕분에 인류가 생존한 거지요!

외로움은 소중한 감정 반응이고 정상적인 감정 신호입니다. 결핍이나 병적인 것이 아니라는 겁니다. 외로움이란 감정이 생길 때 '어떡하지, 내가 연애 상대를 잘못 골랐나 봐' 하고 걱정하지 마세요. 대신에 인생길에 항상 함께하는 외로움이란 친구를 반겨 주고 즐기는 여유를 가지세요.

'나를 끈질기게 쫓아다니는 이 외로움이란 녀석아, 평생 함께하자. 네 덕택에 오늘 한잔 술이 맛있구나' 하며 풍류 시인인 척해 봐도 좋고요. 외로움을 동력으로 창조적인 생산물을 만들 수도 있습니다. 실제로 유명한 예술작품 중 상당수는 외로움이 주인공이잖아요.

외로움을 많이 느끼는 증상에 대한 정신과 진단명은 없습니다. 대신 외로움을 잘 느끼지 않는 것으로 보일 때 고려하는 진단명이 있습니다. 바로 조현성 인격입니다. 전체 인구의 5% 정도에서 나타난다고 추정하는데 이런 사람들은 사회적 유대 관계에서 떨어져 혼자 있기를 좋아합니다. 가족에게도 무심하고 일이나 취미도 혼자서 하기를 더 좋아합니다. 그래서 일반인은 견디기 힘든 고독한 업무를 잘 수행하죠. 사람을 적게 만나는 야간 업무를 선호하기도 하고요. 그러나 그런 조현성 인격에도 깊은 무의식 속에는 외로움이 존재할지 모릅니다.

외로움 유전자가 많다 보면 상대에게 '더 사랑해 줘'라고 요구하기가 쉽죠. 하지만 외로움은 본질이기에 잘 채워지지 않습니다. 그렇다면 외로움 유전자를 많이 갖고 태어난 사람은 망한 걸까요? 아닙니다. 더 외롭기 때문에 관계를 더 소중히 생각하고, 타인에게 따뜻한 마음을 전달하며 더 큰 만족감을 느낄 수 있습니다.

여기엔 한 가지 주의할 점이 있습니다. 외로움 유전자가 많은 사람은 관계 욕구도 큽니다. 그래서 연애 중에 다른 사람에게는 소홀해지고 너무 연애 상대에게만 의존할 수 있어요. 그러면 상대도 나도 힘들어집니다. 연인과의 관계를 소중히 하면서 다양한 인간관계를 균형 있게 유지하는 것이 나에게도 상대에게도 도움이 됩니다. 너무 둘에게만 집중하면 상대방의 마음 에너지가 고갈되었을 때 따뜻한 에너지를 받을 곳이 사라지죠. 그래서 불평을 하다 보면 관계가 어려워질 테고요.

친구, 문화, 자연 등 다양한 채널을 통해 긍정 에너지를 잘 유지할 때 내 마음도 따뜻하게 유지되어 연인관계에 달달함이 진해집니다.

기분전환도 자주하면 뇌가 지쳐요

사람들은 외로움이나 우울 같은 감정 반응이 찾아올 때면 그것을 날려 버리는 데 집중합니다. 대개 기분전환이라는 심리 기법을 사용하죠. 기분전환이란 말은 가볍게 보이지만 사실은 강력한 조정 기법입니다. 뇌의 에너지를 상당히 태우면서 억지로 감정 변화를 시도하는 마음 관리법이거든요.

그런데 기분전환을 왜 이렇게 자주 쓰게 되었을까요? 그건 외로움이나 우울 같은 감정 신호를 결핍에 의한 부정적인 감정으로 생각하기 때문입니다. '외로우면 내 인생은 불행한 것'이라고 뇌가 해석

해 버리니 에너지를 태워서라도 억지로 긍정적인 감정을 만들려고 한 것이죠. 그러나 기분전환을 너무 자주 사용하면 뇌가 오히려 지칩니다.

사랑 때문에 우울하다고 억지로 기분을 띄우는 기분전환을 하기보다는 우울한 사랑 노래를 들을 때 역설적인 긍정성이 올라오는 경험을 할 수 있습니다. 이런 현상을 '공통된 인간성(common humanity)'이라고 설명하는데 쉽게 말하면 '인생 다 비슷해'라는 뜻이에요.

'내 사랑은 왜 우울하지? 나만 실패한 건가?' 하는 느낌에 빠졌을 때 우울한 사랑 노래를 듣다 보면 '아, 나만 사랑이 힘든 게 아니구나. 사랑이란 게 워낙 힘든 건가 보다' 하는, 한 발짝 떨어져서 내 삶을 볼 수 있는 여유가 생기는 것이죠. 이 여유가 힘든 상황에서도 다시 웃을 수 있는 긍정성을 가져옵니다.

이렇게 내 사랑이 부족해서 힘든 게 아니라 사랑은 원래 힘든 거라는 철학적 성숙이 마음에 찾아오는 겁니다. 어찌 보면 사랑은 그 맛에 하는지도 모르겠다는 강력한 긍정성마저 생길 수 있죠.

관심을 원할 땐 내가 먼저 관심 주기

한 가지 더 살펴봅시다. 외로움에 특효약이 있을까요?

이에 관한 연구가 있는데요, 결과가 역설적입니다. 내 외로움을 채우기 위해 다른 사람의 관심을 찾는 것보다 오히려 내 따뜻한 마음을 표현할 때 외로움이 행복감으로 바뀐다고 합니다. 영어로 'helper's high'라고 표현하죠. helper는 봉사자, high는 마약 같은 중추신경흥분제를 복용했을 때 느끼는 짜릿함을 뜻합니다.

'나 외로우니 더 사랑해 줘' 하기보다 대단한 자원봉사는 아니라도 남을 배려하고 위할 때 외로움이 쾌감으로 전환된다고 합니다. 배려의 쾌감이라 할 수 있겠네요.

윤리적인 차원에서 남을 배려하자는 것이 아닙니다. 뇌과학 측면에서 남을 배려할 때 심리적 쾌감이 크다니 그래서 역설이지요. 외로움이 큰 사람일수록 그 쾌감도 커진다고 하네요. 자원봉사를 하는 어르신들은 삶의 의미와 행복감이 증가하고 생리적 반응도 긍정적으로 바뀌었다는 연구도 있습니다. 몸과 마음이 건강해진 거죠.

내 외로움에 갇혀 나를 외롭게 하는 주변에 섭섭한 마음만 가지면 외로움은 더 깊어지기만 할 뿐입니다. 벽을 부수고 외부세계에 내 따뜻한 마음을 나누어줄 때 외로움은 따뜻한 감성 에너지로 전환됩니다.

타인에 대한 배려는 도덕적·윤리적 요구이기도 하지만 우리 뇌에 내재해 있는 외로움이 만들어내는 행동이기도 한 것입니다.

뭐 좋은 얘기라고!
옛날이야기만 하는 사람

과거는 곱씹을수록 불행해집니다.

#우리_부모님_얘긴_줄 #기억의_재구성 #내_탓이_아니어야_편하니까
#긍정적인_과거를_쌓아_행복한_현재를_만들기 #기억은_사실보다_해석
#냉정한_분석_대신_따뜻한_기억으로

마흔을 앞둔 제 고민은 이모의 공치사입니다. 그것 때문에 가족들, 특히 어머니와 이모 사이에 갈등이 끊이질 않아요. 제가 어릴 때 미혼이던 이모가 공책을 사 주신 적이 있답니다. 물론 전 기억이 나질 않고요. 그런데 이모는 30년 전에 사 준 공책 얘기를 아직도 하십니다. 어머니에게 돈을 빌려줬는데 어머니가 이자는 없이 원금만 갚았다는 이야기도 틈만 나면 하시고요. 지금 이모 형편이 어려운 것도 아닌데 왜 그러시는지 모르겠습니다. 옛날에 저희 집 형편이 너무 어려워서 이모를 제대로 대접해 드리지 못했는데 그게 많이 서운하신 것 같기도 하고요. 이모는 왜 자꾸 옛날이야기를 꺼내시는 걸까요?

부정적인 옛날이야기를 반복해서 하는 사람은 본인뿐 아니라 주변 사람들까지 힘들게 하죠. 기억이란 게 감정 상태에 따라 새로운 색깔로 덧입혀지고 나도 모르는 사이에 새롭게 편집되면서 완전히 다른 기억으로 재생되기도 합니다. 그리고 인생의 수많은 기억 중에 몇 가지에만 꽂혀 기억의 대부분을 그 녀석이 차지하기도 하고요.

한 살 한 살 나이를 먹을수록 과거를 긍정적으로 생각하는 사람이 현재와 미래를 행복하게 산다고 합니다. 그런데 과거는 현재에 영향을 받습니다. 즉 우리가 사는 현재에 긍정적인 에너지가 많을수록 과거도 예쁘게 채색되고, 그래서 현재가 좋아지는 겁니다. 현재는 미래의 과거이니 결국 미래도 행복할 가능성이 높아지겠죠.

우울장애의 주된 증상은 과거에 안 좋았던 일이 자꾸 생각나고 아무리 떨쳐내려 해도 거기에 집착하는 겁니다. 우울증까진 아니더라도 과거의 섭섭함을 많이 표현한다는 건 현재에서 행복감을 잘 빨아들이지 못하고 있다는 증거입니다. 그리고 사람은 무의식적으로 자신의 불행을 남의 탓으로 돌리는 경향이 있습니다. 그게 좋은 건 아니지만 그렇게라도 해야 마음이 조금 편해지기 때문이죠.

아름다운 기억이 행복한 현재를 만든다

괴로웠던 과거를 함께 모여 이야기하는 방송 프로그램이 유행입

276

니다. 채널을 돌리다 보면 최소한 한 개 이상의 채널에서 '과거사 토크'를 합니다. 거기에서는 서로 얼마나 괴로웠는지를 경쟁적으로 이야기하죠. 괴로웠던 기억을 꺼내는 건 기억회복을 통한 힐링 효과가 있기 때문입니다.

기억회복을 통한 힐링 효과란 '부정적인 기억은 뇌의 깊은 곳에 억압되어 저장되어 있고, 의식하지도 못하는 순간에도 부정적인 영향을 미친다. 그래서 그 억눌린 기억을 꺼내 놓고 이야기할 때 자유로워질 수 있고 마음에 힐링이 온다'는 내용입니다. 틀린 이야기는 아닙니다.

그러나 과거의 부정적인 일에 집착하는 기억회복 프로그램에는 부작용이 있습니다. 과거에 대한 해석을 부정적으로 만드는 겁니다. 과거의 아름다웠던 기억마저 슬프고 힘들었던 기억으로 재구성하니까요.

해외에서 실제 있었던 일입니다. 이성관계에 어려움을 겪던 사람이 기억회복 프로그램에 참가했습니다. 이성관계에 문제가 있다는 건 어릴 때 아버지와의 관계에 문제가 있었기 때문일 거라는 추론 하에 아버지에 대한 기억을 떠올리게 했습니다.

그때까지 그녀의 머릿속에서 아버지는 따뜻한 사람으로만 기억되었습니다. 그런데 부정적인 기억을 되살리려고 노력하다 보니, 아버지가 식탁에서 자신에겐 야단을 쳤던 기억이 되살아났습니다. 그리고 자신을 학대하던 모습까지 떠오르기 시작했습니다. 그 기억을 증거로 딸이 아버지를 아동학대로 고소하는 상황까지 벌어졌죠. 나중에 주변 사람을 통해 그 기억의 진실 여부를 가려 보니 사실이 아니었습니다. 부정적으로 기억이 재구성된 것이죠.

특정 치료 상황에선 부정적인 기억을 회복시키는 것이 매우 중요합니다. 그러나 저는 그걸 일반화하는 데에 반대하는 입장입니다. 과거는 긍정적으로 재구성하는 편이 행복한 삶을 사는 데 더 효과적입니다.

우리는 현재를 사는 것 같지만, 느끼고 인지하는 것은 과거의 사건입니다. 내 입을 떠난 말이 상대방의 청각 신경을 통해 뇌에서 해석되는 데에는 시간이 필요합니다. 우리가 시각 신경을 통해 사물을 지각하는 데에도 시간이 걸리고요. 그러므로 우리가 받아들이는 현재의 이 시간도 조금 전 과거의 사건이고 내용입니다.

그러므로 과거에 대한 기억이 아름답게 재구성되어 축적될 때 내 삶과 인생이 가치 있게 느껴집니다. 반면 남 보기에 훌륭한 과거를 가졌어도 그걸 스스로 아름답게 느끼지 않는다면, 그 사람은 불행한 인생을 사는 셈이고요. 행복과학 측면에서는 가치 있는 삶이 행복이고 진실입니다.

삶의 진실은 리얼리티가 아닌 과거에 대한 태도에 의존합니다. 사랑했던 사람에게 실연당하면 분노가 생깁니다. 그리고 분석하게 되죠. 뭐가 문제였는지, 누구 잘못인지, 그 사람이 날 사랑하기는 했는지, 나는 그 사람을 정말 사랑했는지……. 그러나 이성적 분석은 과거를 부정적으로 재구성하기 일쑤입니다.

인생 대부분은 절대 선과 악으로 나뉘지 않습니다. 대개 섞여 있지요. 그 사람 잘못도 있고 내 잘못도 있고, 정말 사랑하기도 했고 서로 이용하기도 했고, 정도의 차이일 뿐이지 모두 섞여 있어요. 사랑했던 사람이 좋은 사람이냐 나쁜 사람이냐보다는 '나는 그 사람의 어디에 끌렸을까'라는 질문이 낫습니다. 그러면 최소한 그 부분에서는 행복한 과거를 갖게 되는 거니까요.

긍정적 과거를 쌓는 방법이 있습니다. 바로 행복했던 기억이 남아 있는 사람, 장소, 그리고 물건과 만나는 것입니다. 어렸을 때 살던 곳을 찾아 좋은 추억을 되새기며 걸어 보는 것도 좋겠죠. 오랫동안 보지 못했던 친구와 만나 과거 재미 있었던 추억을 함께 회상해 보는 것도 좋습니다.

냉정한 분석이 아닌 따뜻한 과거와 만날 때 내 인생이 행복하게 바뀌어 갑니다.

나이 들어 웬 눈물이
이렇게 쏟아질까요?

섬세한 감정 변화를
즐기는 인생을 만들어 보세요.

#꽃중년이_되어_보자 #슬퍼도_안_울던_남자에서_잘_우는_섬세한 남자로
#눈물은_우울_증상이라기보다_마음의_변화 #젊은이와_억지_경쟁하면_매력_없잖아

저는 술 좋아하고 친구 좋아하는 남자입니다. 축구를 좋아해 조기축
구 회장도 맡고 있지요. 얼마 전 중요한 축구경기를 보려고 일이 끝나자마자 집
에 들어갔는데 아내가 드라마를 보고 있더라고요. 전 같으면 채널을 돌려 버렸
을 텐데 요즘 아내가 무서워져서 뒤에 조용히 앉아 드라마를 같이 봤지요. 그런
데 갑자기 눈물이 흐르는 겁니다. 아내는 아무렇지 않게 보고 있는데 말예요. 창
피해서 아들 방으로 가는 척하면서 눈물을 참으려는데 오히려 대성통곡이 터져
나와 저도 모르게 배우 조인성처럼 주먹으로 입을 틀어막았습니다. 갑작스레 눈
물이 터지는 이런 증상, 혹시 우울증인가요?

지천명(知天命)이라, 공자님 말씀하시길 나이 쉰에 이르면 하늘의 뜻을 안다 했는데 얼마 전 길을 걷다 파란 하늘을 보니 외로운 느낌과 함께 뜻 모를 눈물만 핑 돌아 당황했던 적이 있습니다. 이와 비슷하게 최근 눈물 고민을 호소하는 중년 남성들이 적지 않습니다.

중년 남성을 당황케 하는 이 눈물은 우울 증상이 아닙니다. 그간 참았던 감정이 솔직하게 터져 나오는 것이죠. '남자는 울면 안 돼, 속내를 드러내면 안 돼, 강해야 해' 같은 남자의 감성을 옥죄던 프레임이 약해지면서 마음속 감정이 밖으로 나온 겁니다.

중년에 접어들면 남성이 여성화한다고 합니다. 실제 호르몬 변화가 있긴 하지만 남자가 여자로 바뀔 리는 없죠. 섬세한 감성을 억누르고 있다가 중년 들어 힘이 빠지면서 그 감성이 솔직히 드러나기 시작하는 것입니다.

울지 않은 건 눈물이 없어서가 아니다

남자는 눈물과 친하지 않습니다. 여자는 1년에 평균 30~64회 눈물을 흘리는데 남자는 1년에 10~20회 운다고 합니다. 한 달에 한두 번 정도죠. 우는 시간도 남자는 2분, 여자는 6분 정도입니다. 게다가 여자는 엉엉 우는 일이 많습니다. 눈물을 비치는 정도가 아닌 겁니다. 100번에 65번, 즉 65%는 엉엉 운다는군요. 반면 남자는 엉엉 우는 비중이 100번에 6번, 여자의 10분의 1에 불과합니다. 여성이 남성에 비해 더 자주 울고, 더 길게, 더 세게 운다고 볼 수 있겠습니다.

그런데 사춘기 이전 13세까지는 남자와 여자 사이에 이런 차이가 없습니다. 태어날 때부터 다른 게 아니라 사춘기 이후에 생긴 변화라는 겁니다. 이런 차이가 생긴 건 사춘기 이후 남녀 호르몬 변화가 한 가지 원인이고, 남자는 울면 안 된다고 교육받는 것도 이유겠습니다. 슬퍼도 잘 울지 않도록 연습한 거죠.

이렇게 보면 남자가 강한 것 같지만 모성애를 가진 여성이 때론 더 강하지 않나 하는 생각을 합니다. 어느 유명인사가 강연에서 한 이야기가 생각납니다. 6·25 전쟁 피난길에 포탄이 눈앞에 떨어졌답니다. 그때 어머니는 자신을 보호하기 위해 몸을 날려 안고 감쌌는데 아버지는 밭고랑으로 몸을 던져 숨었다더군요.

어떻게 부모가 그럴 수 있느냐는 생각이 들 수 있지만 부모도 사람이고 자신의 생존에 민감하게 반응하는 건 당연한 본능입니다. 포탄이 날아올 때 숨은 아버지가 이상한 것이 아니라 어머니의 모성애가 위대한 것이지요. 어머니의 모성애는 이기적인 본능을 눌러버리는 강력한 이타적 본능입니다.

남자가 강한 건 마음이 아니라 육체입니다. 근육의 힘이든, 사회·경제적 힘이든 강한 남자가 사랑받는다는 생각이 남자들의 머리에는 뿌리 깊이 내재돼 있습니다. 그래서 울보 남자는 약한 남자고 매력적이지 못하다 생각하죠. 그러니 강한 남자라 여긴 자신의 눈에서 갑작스럽게 눈물이 흐르는 게 당황스러울 수밖에 없습니다.

남자가 중년을 넘기면 자신을 감싸던 전투력의 갑옷이 벗겨지며 원래의 여린 마음이 다시 보이기 시작합니다. 강한 남자가 여성화되는 게 아니라 원래 갖고 있던 섬세한 감성을 다시 느끼게 되는 것입니다. 평소 무뚝뚝한 남자조차도 예술가처럼 마음이 섬세해집니다. 그래서 전에는 아무 느낌이 없던 멜로드라마를 보며 꺼이꺼이 울게 되는 것입니다.

우는 건 창피한 일이 아닙니다. 남자도 울 수 있고 슬프면 울어야 합니다. 이 눈물을 갱년기 우울증의 증상으로 볼 필요는 전혀 없습니다. 그보다는 '내 마음에 변화가 찾아왔구나' 하고 생각하시는 것이 정답입니다.

눈물은 인생을 풍요롭게 해주는 에너지원

지천명에 눈물이라니 퇴행이 아니냐고요? 하지만 지천명의 뜻은 '마흔까지는 주관적 세계에 머물다가 50세가 되면서 보편적 성인의 경지로 들어간다'는 것이니 중년의 눈물은 오히려 지천명의 증거일 수 있습니다.

주관에서 보편으로 시각이 변화하려면 공감능력이 향상되어야 합니다. 공감은 내 주관에서 벗어나 상대방 입장에서 느끼는 감정이입 현상입니다. 내 감성이 자유롭게 움직여야 가능하죠. 중년의 눈물은 내 감성 시스템이 움직이기 시작했음을 뜻합니다.

눈물의 이면에는 눈물짓게 하는 감성이 있습니다. 알 수 없는 외로움, 텅 빈 것 같은 허무감이 그런 예입니다. 강한 남자로 살다가 갑자기 이런 감성이 찾아오면 불편하고 당황스러울 수 있죠. 그러나 이 감성은 인생 후반전을 풍요롭게 해주는 에너지원이기도 합니다. 예술적 감성을 일으켜 삶을 더 잘 느끼게 해주죠. 젊었을 때 눈에 들어오지 않던 꽃의 아름다움이 보이고 축구처럼 치열한 승패가 없는 멜로드라마에 빠져 가슴이 뭉클해지기도 합니다.

이런 감성을 내가 약해졌다는 신호로 인식해 억지로 강한 남자 이미지를 유지하다 보면 힘만 빠지고 인기 없는 까칠한 사람으로 나이 들어 가기 쉽습니다. 관심과 사랑을 받고 싶어 '강한 남자'로 남으려는 게 나를 더 외롭고 쓸쓸하게 만들 수 있다는 말입니다.

울고 싶을 땐 실컷 우세요. 중년 이후 우울증 발병률은 여자가 남자의 2배인데, 자살률은 남자가 여자의 2배입니다. 특히 노년에 접어들면 남성 자살률이 뚜렷하게 늘어납니다.

자살은 삶의 의미, 그리고 자기 자신에 대한 가치를 느끼기 못할 때 일어납니다. 노년기 남성 자살률의 증가는 남성이 점점 나약해지고 늙어 가는 과정을 여성에 비해 잘 견디지 못하는 것으로 풀이할 수 있습니다.

전 남자가 잘 울었으면 좋겠습니다. 진짜 용기는 자신의 나약함을 표현할 수 있는 것입니다. 그럴 때 감성 시스템에서 좋은 호르몬이 나오며 마음의 불안을 달래 주고 삶의 에너지를 충전해 줍니다. 드라마를 보며 흘러나오는 눈물은 수십 년간 남자로 살기 위해 희생했던 감성이 이제야 숨을 쉬며 말하기 시작했다는 뜻입니다. 감성은 언어가 아닌 눈물로 대화를 합니다.

중년 들어 찾아오는 외로움, 허무, 그리고 눈물을 세상을 제대로 즐길 수 있는 능력으로 받아들이는 지혜가 필요합니다.

중년의 이런 감성 변화를 진화심리학적 관점에서 설명할 수도 있습니다. 인간에게 생존과 번영이란 동물과 달리 생물학적 생존만을 말하지 않고 문화계승까지 포함합니다. 인생 전반부가 생물학적 생존을 위한 시기였다면 후반부는 문화를 계승하는 시기인 겁니다. 머리 빠지고 팔다리에 힘이 없어지면서 생물학적 매력은 줄어들지 모르지만 예술적 감수성은 증가해 오히려 삶을 즐길 수 있는 능력은 더 커집니다. 항노화하겠다며 억지로 젊은이들 흉내나 내는 건 자연스러운 변화에 저항하는 꼴이죠. 힘만 빠집니다.

내 나이가 가져오는 섬세한 감정 반응의 파도에 몸을 맡기고 즐기는 지혜가 필요합니다.

내 삶의 모든 경험을
소중하게

'행복하기 위한 팁 5가지' 같은 식으로 마음을 조정하는 심리 기법을 저는 좋아하지 않습니다. 물론 제가 좋아하지 않을 뿐이지, 그것이 효과가 없다거나 나쁘다는 게 아닙니다. 그렇지만 마음을 조정만 한다면 마음을 친구로 여기는 것이 아니겠죠. 누군가 자신의 이익을 위해 나를 이용하고 있다고만 느끼면 휴대전화에 수신거부를 설정할 겁니다. 소통을 단절하는 거죠.

마음도 그럴 수 있습니다. 내 마음을 친구나 연인으로 생각하세요. 마음에 이것저것 요구할 때는 먼저 마음을 안아 주고 공감해 주는 것이 마음과의 탄탄한 우정을 지켜가는 데 꼭 필요합니다.

마음은 뇌 안에 있긴 하나 마치 독립적인 인격체처럼 움직입니다. 우정이나 사랑을 지속하고 키워 나가기 위해서는 꾸준한 노력과 관심이 필요하듯 마음에도 시간과 관심을 투자해야 합니다.

우선 매일 잠깐씩이라도 마음과 만나는 시간을 가져 보세요. 단 10분이라도 조용히 걸으며 내 마음과 데이트하는 것만으로도 우정을 돈독히 할 수 있습니다. 쉬워 보이나요? 막상 삶을 돌아보면 마음에 '긍정적으로 생각해라, 모범이 돼라, 남을 더 배려해라, 더 노력해라' 하며 잔소리만 하지 '마음아 힘들지? 내가 너를 위로해 줄게'라며 공감해 준 시간이 드뭅니다.

마음은 시간을 내서 바라봐 주기만 해도 큰 위로를 받습니다. 여기서 한 걸음 더 나아가 내 마음이 무엇을 좋아하는지 찾아내어 그것을 해주는 것이 마음 충전이고, 일과 삶의 균형을 잡고 삶을 튼튼히 세우는 방법입니다.

사람들은 일을 안 하는 것이 쉼이라 생각하죠. 그게 사실이라면 연휴 마지막 날에 긍정적 에너지가 꽉 차올라야 할 텐데 실제는 그렇지 않지요? 쉼이 어려운 이유는 단순히 일을 안 한다고 마음이 긍정 에너지를 회복하지 않기 때문입니다.

사람마다 얼굴이 다르듯 내 마음이 좋아하는 것도 각각 다릅니다. 그래서 마음을 잘 사랑해주려면 내 마음이 무엇을 좋아하는지 아는 것이 우선입니다.

인간관계도 시간이 흘러 상대방이 무엇을 좋아하는지 싫어하는지 데이터베이스가 쌓여 갈 때 더 돈독해지지요. 마음과의 관계도 마찬가지입니다. 평소에 거절을 잘 못하거나 모든 사람과 잘 지내려다 보니 지치는 것도 내 마음이 무엇을 좋아하는지 잘 몰라서 생긴 일일 수 있습니다.

내가 무엇을 좋아하는지 알게 되면 거절도 현명하고 쉽게 할 수 있고 타인을 향해 과도한 에너지를 소모하는 것도 멈출 수 있습니다. 우리 마음의 에너지는 한계가 있기에 선택과 집중이 중요한데 그러기 위해서는 내 마음을 이해해야 하는 겁니다.

내 마음이 무엇을 좋아하는지 알고 싶다면 사람, 자연, 그리고 문화와 꾸준히 만나 보세요. 내 예상과 실제 선호가 다른 경우도 많습니다. 씩씩하고 터프한 남자를 좋아할 줄 알았는데 이성교제를 해 보니 부드럽고 상냥한 남자가 나에게 더 맞더라 하고 느끼는 식이죠.

내 마음을 위로해 줄 취미를 찾았다는 분 중에, 자신이 그런 걸 좋아하는 줄 몰랐다는 분들도 상당히 많았습니다. 평소 내 마음을 잘 모르고 있다는 뜻이겠죠.

생존이나 성취도 삶의 중요한 목표지만 최소한 삶의 반은 내 마음에 공감하고 무엇을 좋아하는지 이해하는 데 비중을 두셨으면 합니다. 일하기도 바쁜데 그럴 시간이 어디 있냐고요? 마음과 좋은 친구가 되면 마음이 우리에게 긍정성, 자유로움, 창조적 사고, 따뜻한 공감소통 능력을 선물로 줍니다. 그런 것들을 갖추면 일도 더 잘 되겠지요.

마음에 잘 공감하며 산다는 것은 희로애락의 모든 경험을 소중하게 여기는 것이라고 생각합니다. 실패나 좌절은 생존·성취의 프레임에서 나오는 느낌입니다. 삶의 목적을 경험 그 자체로 여길 수 있다면 우리 인생은 영화가 됩니다. 슬픔을 머금은 영화를 실패한 영화라 평가하지 않지요. 슬픔이 담겨 있더라도 거기에 공감하고 바라봐 주는 사람이 많으면 성공한 영화입니다.

　내 삶의 모든 경험을, 내 인생의 파트너인 마음과 소중하게 느끼며 살아갔으면 합니다.

2018년 6월
윤대현

잠깐 머리 좀 식히고 오겠습니다

초판 1쇄 2018년 6월 18일
초판 7쇄 2023년 9월 20일

지은이 | 윤대현
펴낸이 | 송영석

주간 | 이혜진
편집장 | 박신애 **기획편집** | 최예은 · 조아혜
디자인 | 박윤정 · 유보람
마케팅 | 김유종 · 한승민
관리 | 송우석 · 전지연 · 채경민

펴낸곳 | (株)해냄출판사
등록번호 | 제10-229호
등록일자 | 1988년 5월 11일(설립일자 | 1983년 6월 24일)

04042 서울시 마포구 잔다리로 30 해냄빌딩 5 · 6층
대표전화 | 326-1600 **팩스** | 326-1624
홈페이지 | www.hainaim.com

ISBN 978-89-6574-658-4

파본은 본사나 구입하신 서점에서 교환하여 드립니다.